建築師講古

從唐樓到劏房

蔣匡文 著

序

梁家權

　　談風水玄學，很容易墮入迷信的迷思，尤其碰上一些善於鑑貌辨色敏於言的「大師」，很難斷定是其個人的修為還是憑空作沙盤推演，是不幸言中還是好彩撞中，真的天曉得！

　　輔助蔣匡文博士主持電台節目《蔣權天下》，近距離看到一個術數基礎紮實的學者如何算出未來。他有一本甩皮甩骨的書本經常隨身，揭開全是數字，原來這是外國出版涵蓋世紀天星運行的天文數據典籍。問為何地緣政治爆發衝突，或者來年某國國運，他翻開寶書查閱數據，捏著幾根手指盤算，又喃喃自語：「八月火星同土星……」他的通書比任何風水書都科學。只見他抬頭冥思，翻尋歷史上出現同一天文現象年代所發生的事來印證，歷史不會說謊言，不同年代的同一天象下，竟被他翻出人世間都發生過驚人類似的事件。

　　看天星，說天象，翻歷史，尋徵兆，已不是一般見識之徒能論證得當，其實解畫更難。能知未來，是統計學的指引，然後需觸類旁通的推敲。能旁徵博引，少一點知識和常識，判斷與預測都會差之毫厘。蔣匡文是博士，固然是擁有並非虛銜的博士學位，我所認識的他是博學之士，看書很多很雜。一家之言，是集百家智慧，卻不是唾手可得。

他的本業是建築師，神差鬼使是十分對應風水堪輿之學的專業，這本書是融合他的專業和對風水術數的了解，用淺顯的語言闡釋，流行現象如劏房，他也認真的解構風水，如他慣說的口頭禪：「乜都有得解！」

對我來說，更有興趣他對香港未來的分析。現在我們至2023年處於下元八運，如本書所言：「一個城市或地區以至一間住宅之興旺，往往因其山川形勢而有吉凶，但也會因為是否配合這元運時間衰旺之飛星而出現衰旺之別。」三十年河東，三十年河西，2050年的香港，大勢如何，本書有得解！

目 錄

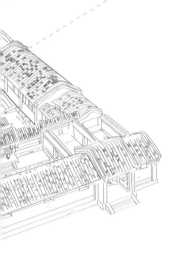

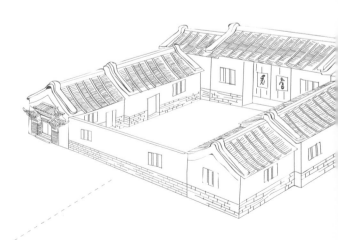

第一章

建築與風水

四合院的佈置和穿堂風

　　中國傳統建築的民住單元，多是用三合院或四合院形式，由三幢或四幢民房合組成，中央是一個採光的天井，巧妙地形成一個有私隱的室外空間。（當下雨時，雨水打下天井，故古代稱天井為中霤。）這種民住單元設計，在中國各地有不同的名稱，北京稱為四合院，雲南稱為一顆印。又由於各省的緯度有高低，天井的大小長短亦有異。一般南方夏天天氣較熱，天井設計就比較窄小，四周牆壁相對較高，以遮擋陽光，北方冬天天氣較冷，所以天井設計比較長及寬闊，方便讓低角度的陽光照入，溫暖室內。

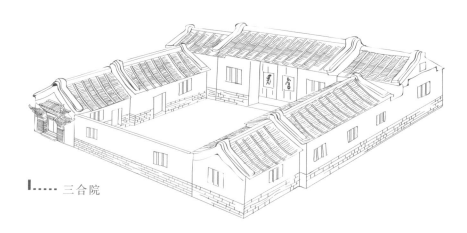

Ⅰ⋯⋯三合院

┃----- 四合院

　　傳統的三合院和四合院，採用坐北向南之格局，在平衡左右青龍白虎下，所以都以坐正北之房間為正屋，左邊東方的廂房為主，是男子之居所，右邊西方的廂房為客，是一般客房、書房，招待客人之用。正屋主房之正中為大廳，一般會在後一個合院正中供奉祖先、神壇等位。旁邊房間及左右廂旁，仍以男左女右、左主右賓的方位排列。壯年主人會住在正屋左角之房間，家中之老父則會住在右角之房。家中的少男住在左廂房，而女眷會住在內堂後。實際應用時，會依房屋大小和主人之喜愛，在功能上有所調整。以下圖示只供參考。

　　由於空氣流動力學之作用，當深長的四合院大宅打開門時，若遇上大風吹向大門，宅門的狹小入口壓縮了空氣，更加加強了風力，倘吹入屋內，偶會把大廳堂的傢俬、小擺設吹倒，古人稱這狀況的風為穿堂風。

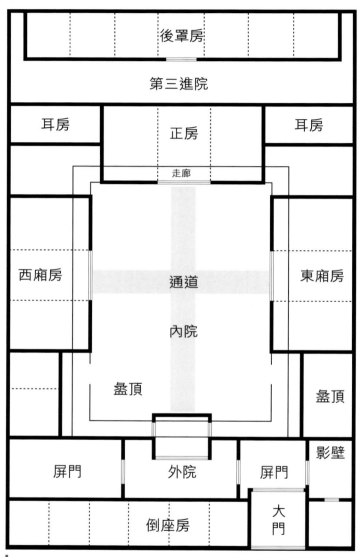

四合院各房分佈

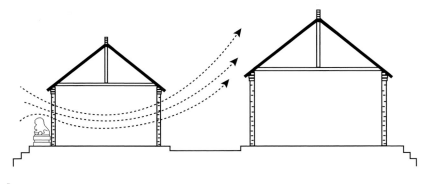

┃····· 穿堂風的空氣動力學作用

中國人的傳統，是個不喜搬遷的務農民族，大宅一住，就是子孫多代，在長期統計觀察中，家宅若有穿堂風之現象，除了吹倒物件之外，家宅亦會出現各種不吉利的事情，古人便稱這為穿射，有如一支箭直射，能直穿到屋底，被視為不吉之象。解決的方法是在宅門之後，多安裝一對屏門，屏門又稱為中門，也在每一個大堂後建一道背牆，阻止穿堂風直吹。這也是原始風水堪輿學發展的根據。

今天之高層住宅單位，如果在單位外打開大門，站在門外便可以看穿大廳的窗戶外，這也是犯了沖射、穿心之毛病，視為不吉，確實的應效，要看整體判斷，一般會是不聚財及主人災病。

如果在門口前設有一個玄關，把門口開在九十度角位置，使不會出現射之穿射之象。但為什麼現代的單位大部份都是穿射的情況呢？

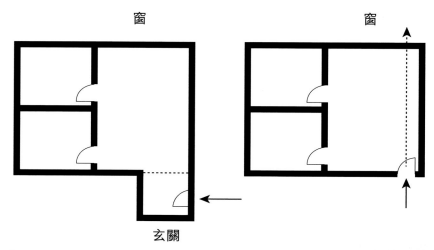

玄關可防沖射

因為香港寸金尺土，現代人都喜歡廳大房多，都把這玄關位取消，騰出更多空間。簡單的解決方法，是在入門後，加設一個屏風或一個高櫃，仿出個玄關功能，便可解決。

加州房屋被侵蝕是
由於加州海岸被侵蝕

加州海岸侵蝕

　　美國西岸的加州沿岸太平洋地區，主要都是一些沙灘及懸崖，面對是西面一大片太平洋的海景，風光美麗，不少有錢人及荷里活明星，都喜歡選擇在近沙灘的高地及有名的懸崖邊建房，全屋房間均有無敵海景，本來安居於此，是人生一大快樂事。

　　但是由於近年地球變暖，天氣上的聖嬰現象（El Nino）常常出現，太平洋的波浪變大了，對海岸侵蝕力量也大了，不少原本大片美麗的沙灘海岸，被侵蝕至只有一小段，威脅到不少近灘的房屋別墅，而更頭痛的，是不少石質懸崖，也被日夜衝擊的海浪及山嵐侵蝕而崩毀，做成山泥傾瀉，危及崖上的豪宅地基。因此，不少居住在此類地段的荷里活明星及名人，都發起要拯救海岸的運動。

I····· 美國加州海蝕

|····· 美國加州海蝕

　　其實風水上在擇地建屋也有規定理數和禁忌，其中有一條：
不宜割腳之地。即是將房屋緊貼在水邊或是掛在懸崖之上。喻
像一把刀，將房屋之腳（地基）割斷。有這形態便被視為不吉。
這個禁忌與這加州海岸發生的事件非常吻合，也反映到風水亦
是一些環境統計學出來的理論。如果這些地產發展商及明星在
選址建屋時，先看風水，便沒有今天豪宅被太平洋沒頂之威脅，
當然不是每一個在海邊的房子都有此災禍，風水的計算也十分
複雜，其中包括了方向、房屋的時運和時空的時運，當三者配
合上，那些可能五十年或一百年一遇的危機，便可能出現。說
到底，其原則是「君子不立危牆之下」。風水之學，是中國人
在世代長年集居中，長期統計的現象和環境學，雖然未必每個
理論都能解釋，但目的是幫助減少一些大自然力量對住屋及家
居的各種禍害。

中國人喜置業的基因

　　中國古代是以農立國，而由於儒家及皇朝之影響，古代的價值觀，是以躬耕讀書為主，鼓勵人民在家鄉務農，自給自足，官府在田地上抽稅，人民不需四處流浪，官府易於管理，對皇權統治有利。如果要進步，便鼓勵人民讀書，十八年寒窗苦讀，考取功名，出仕當官，有權有勢，晉身社會之上層。

　　在朝廷當官到老之後，便還鄉退隱山林，當個寓公，理論上是再當農民，但大部份人會靠買下一些田產出租，佃農為生。有辦法的大官，告老後還是能在鄉間「光宗耀祖」，建大宅、園林，以應「遁隱山林」之意，但此等私人花園，是退休官員與當地官紳飲酒唱酬之地，以保持在地方之影響力，便有如今日之私人會所的類似功能。

　　當時社會上之工匠，也就是今日之專業人士，在地位上，又比農民低一層，他們佔社會上之少數，多要四出工作，例如建築之工匠（今日之建築師），往往要穿州過省，在工地附近，隨便搭些臨時草柵居住，生活條件不及農民。

商字源於周朝打敗商朝，商人在社會上，沒有土地，成了低下的半奴隸，所以只好做些以物換物的交易，從中獲取利潤，所以稱做貿易之人為商人。而當時社會上對商人更有貶意，稱逢商必奸。而商人中，如果在固定的地點開店舖，當個掌櫃，是商人中最舒服的職位，稱為坐商，而那些帶著商品穿州過省做貿易，生活比較辛苦的，稱為行商，而商人中又有「行商不如坐商」之說。所以社會地位等級，是士、農、工、商排分，士最高而商最低。

　　這種千百年來運作下來的社會結構，安土重遷，擁有土地、田產、商舖，都是一些比較舒適而可生財的生活方法。因為風水大玄空之轉變，清代康雍乾年間（約1700年）起，工商行業開始發達，今日的工匠和專業人士及商人之地位已大大提升，觀中國之首富，都是商人為主。但是，中國人民在投資時，首選買屋買地之做法，也似乎已深入我們的基因中。這也包括在海外居住的中國人或華人，也喜歡在當地置業。相對歐美人士，則較少在異國地方置業，美國公司就是一個好例子，除了保險公司會投資物業外，大部份美國公司到外國，都只是租辦事處及員工住宅，甚少會投資地產行業。置業是中國人，包括香港人，一生之夢想，甘願做樓奴，就算辛苦一世也甘之如飴。

堪輿學的開始

中國人在安土重遷的概念下，不論到哪裡生活，都想在該地方落地生根，正因為農民心態的基因，買地建屋為人生的一件目標大事。這所房屋會是他們千秋萬代的子孫安居之所，更希望能免受天災、戰爭及疫症等侵入，於是在選擇地點建屋、房屋的坐向方位及外圍情況都非常講究，而這從經驗及統計得出來的結果，古人歸納成一套學問，稱為堪輿學，堪輿二字源於《淮南子‧天文訓》中「堪輿徐行雄，以音知雌」，漢代許慎注釋：「堪，天道；輿，地道也。」也就是說，堪是看天上星辰之道理，而輿是看地下的道理。是的，天上星辰也有道理。因為統計的結果，令我們的祖先相信，除了環境現象的地理有規則外，天上的星辰，在其四季的運轉中，對地上的一切萬物都有規律性的影響，若星辰間中有不規律的移動，例如彗星出現或星球轉移星宿，不單止影響洪澇、雹、旱等災難，也影響人民、國運。堪輿的用處，大則足可以影響國家朝代興亡及某一個城市之興衰，小則可以影響個別家庭中之各人身體健康、事業進展及財富積聚、人生各種發展等等。

風水一詞是堪輿學之俗稱。晉代郭璞所著的《葬書》中，列出了堪輿學中之其中要旨：「氣乘風則散，界水則止。」堪輿學的目的，是要找尋肉眼看不見之陰陽之氣聚集的地點建屋造城，而氣是會被風吹散，但遇到河流湖泊時便會停止。所以風水的目的是要找藏風聚水之地居住，能發福興旺、旺丁旺財，而並非找風生水起之地。

不論國家、城市、住宅、商舖，在風水學上之最高目標是所謂「三元不敗」。三元在風水學中三元九運曆法中代表 180 年，意思是上居房長年都在興盛，人才輩出，這點在中國各地都有很多的例子。例如諸葛村，相傳是三國時諸葛亮之兄長諸葛瑾所創建，至今已有約 1700 多年。又例如安徽積溪之胡氏村莊，明萬曆年間的兵部尚書（等於今日之國防部長）胡宗憲，就是出於此村，當時著名滅倭寇的戚繼光、戚家軍就是他所指揮；至於近代五四運動的領導者胡適先生，以至前國家領導人胡錦濤也是胡村之後人。

　　在香港，新界名門的四大家族，以鄧符協最早在南宋末年到東莞，再遷至新界定居，他之南來也是根據其師父賴布衣所存下的風水鈴記（像尋寶圖一樣的記載），從江西遷至香港，1300 年間，鄧氏及其他家族，在此平安繁衍，雖然有康熙初年反台灣鄭克塽之海禁，令香港變成無人之地，但鄧氏還仍在東莞一帶生活。直至今日，新界原住民可以在香港法律下，合法擁有興建丁屋之權利，也正是祖上風水庇蔭之力量。這也應驗了三元不敗之局。

建築發展之限制

建築之發展，傳統上是受制以下幾點：

(1) 政府規劃規定。

(2) 土塊所要求之地價。

(3) 建築材料運輸及工藝工程技術。

(4) 建造房屋之價錢。

(5) 住屋者所需要。

這五項中，第 3、4 項要視乎當地傳統建屋條件而定。

在以往，最簡單的建築，是一層之樓房，材料可以是泥巴、磚、石及或木材。中國古代傳統建築是以木為主，因為木材相對輕，便於運輸，建造時間較短及較防地震等，但木材怕火及容易被暴風吹毀，聰明的中國人便燒製了瓦片來造屋頂，用瓦之重量防止大風把屋頂吹翻。但經過幾千年的砍伐，可用於建屋的大木材減少了，加上防火的考慮，到了明清兩代，房屋都是用左右兩面磚石牆作為承重牆，中間用較小的木樑架起，上鋪磚瓦而成。

|---- 江西建築的馬頭牆

　　又為了防止隔鄰的房屋起火，燒及自己，這些承重磚牆，會加高成一個高於屋瓦的矮牆，古人稱為馬頭牆，這小矮牆可以減小大風吹翻屋頂的機會，也能在火燒時，防止火舌波及隔壁，故此又稱風火山牆，而這個風火山牆會因各地不同而有各種變化，形成今日中國古建築的不同地區特色。

▌····· 江西建築的馬頭牆

▌····· 鑊耳牆是廣式風火山牆的特色

到了二十世紀鋼鐵架構及鋼筋混凝土之發明，令高層建築之造價大大減低，香港最早建磚瓦式的中國屋，是以中國人自製之小量水泥加入傳統之糯米而成，到了 1887 年，澳門青洲水泥在澳門成立，是後來香港青洲英泥廠之前身。加上當時平宜的人力，而且高層建築可以增加樓面面積，減少用地，水泥磚瓦屋便成為戰前香港建築的主流。但在戰後，則以鋼筋水泥混凝土為主。原因是，中國於 1949 年後，為了戰備需要，在全國各地遍建水泥廠，水泥生產雖然比較平宜，但水泥重，運輸及人工成本高。（就發達國家如美國，中部地區年年被龍捲風吹毀房屋，但仍然還是以木建房屋為主，只有一個水泥建的地庫，用作躲避颶風，就是因為水泥廠少及距離遠，運輸及做水泥結構的人工太貴所致。）香港青洲水泥廠之建立，和中國附近也有平宜之生產，加上本地人工平，混凝土建築成為香港建築之主流。但也有一些超高層的辦公室為了成本利息，縮減建築時間，採用鋼鐵結構外。但由於香港附近缺少鋼鐵生產基地，大型鋼架都要由外地運入，本地缺少有技術的燒焊工。鋼架成本高，鋼鐵結構未見普遍。

中國建築之間數

　　中國古代建築之傳統，以正面兩條柱之間的位置，稱為間，房屋之深度兩柱之間為進或進深，所以三間兩進之屋代表，橫有四柱，深有三柱，共十二條柱之房屋。

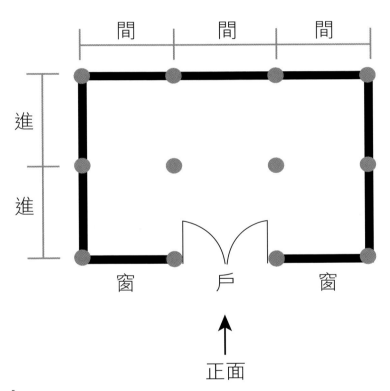

｜‥‥‥ 中國建築的「間」與「進」

由於風水理論所説：「間之數以單數為陽，雙數為陰」，所以中國房屋不用雙數間屋，一般都以一、三、五、七、九間為主。其中平民只可用一間或三間之屋，只有家中有人當官，才可以報建五間之屋，一般會用作為祠堂之用，又稱大夫第，是身份象徵，所以，全中國有不少這類的大夫第。

　　這些五間屋，小至香港的大夫第，大至北京之王府。至於七間之屋，由於七數不利民居，一般只會在佛寺、道觀等使用。九間之屋則只有紫禁城內之主殿主宮，即只有九五之尊才可以，北京紫禁城之太和殿，原本是九間，因風水原因，康熙重建時便建成十一間。在歷史上，明朝初年，便有制定所有藩王及高官所建府第的大小及形式，不按規定會被視為僭越，代表屋主人想作反。清代貪官和坤被抄家，十大罪狀，其中之一，是他家的門樓仿照皇宮某地而建，這是犯僭越之大罪。話雖如此，山高皇帝遠，在偏遠之地，也有不少官府管不到的僭越建築，例如四川峨眉山下的大寺，便把大殿建成十一間闊。

　　今日，世界各地都有不同形式之建築設計，但如果我們住的單位建成兩間，又會怎樣呢？雙數為陰，如果屋為兩間，主陰，屋內女性為主，或是男宅主常常出外不歸。筆者見證過一個美國三藩市之例，屋中有柱，屋心為廁所、廚房，又犯風水上火燒心的毛病。屋主是一位同性戀者，所以，也可能出現在傳統婚姻上視為偏斜的情況。

　　早期移民到加拿大的香港人，帶著起大屋的基因買地建屋，他們建屋的款式外型和考慮與當地人不同，喜歡用盡可建面積，建成一幢幢比鄰居大，長方形特色的房子，當地人稱為怪物屋（Monster House），至於政府規劃的限制土地之價錢，本書後文將有交待。

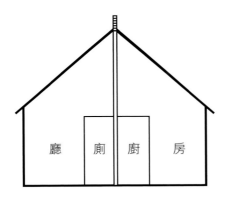

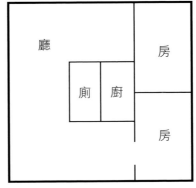

┃----- 廚廁建在屋中央

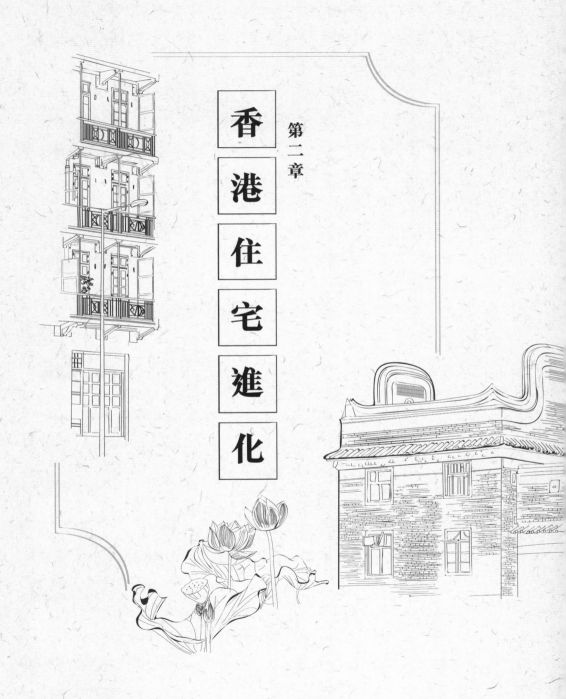

第二章

香港住宅進化

城市的興衰

　　城市是個集中大量人口居住生活的個體，需要提供足夠的生存條件，養活大量人口，最基本是要有足夠的水、糧食及經濟活動來支撐。經濟活動包括農業，某類礦產例如鹽、鐵、礦，貿易及軍事要塞和政治中心等等。

　　工業革命之前，城市的面積不能太大，為的是食物、物資等，都需要大量勞力才可以運輸到消費者手上。但如果城市貼附江河，便可以利用船舶運輸，比陸路驢馬運輸平宜，所以這類城市，較容易發展起來，歷史上唐代長安及宋代開封便是這類城市之極盛，但都只是一百多萬人口而已。

　　工業革命之後，機械不但可以大量生產廉價物品，運輸費用也可以大大減少，其他城市消費的物品，也可以利用平宜的長途運輸而得到滿足，人口也開始向城市遷移。現在世界上接近一千萬人口的城市都有幾十個。

　　今日世界大部份的大城市，都選位於有生產力的平原附近，這並非偶然，就算像香港這樣缺少土地的城市，北面正是生產資源豐富的中國珠江三角洲地帶，香港的食水及食物，都是依賴這一帶的供應。這類城市往往有過百年至千年的歷史，風水上稱為三元不敗之局。中國南方的廣州，其市中心的中山五路及北京路一帶，考古發現，在五千年前已有人類生活之證據，秦統一中國後，南越政權也在此成立，中間雖有衰落，但直至今日，廣州還是十分興旺。

敍利亞之大馬士革，在考古上是人類聚居最古老的城市，
2011年阿拉伯之春後，敍利亞陷入內戰，大馬士革時有恐怖襲
擊，陷入衰退期，但是整體未被戰火波及，市內人民生活平安。
這都是一些三元不敗城市的例子。至於有些地方，因為有某種
特有資源生產，會在一段時間內變得興旺，食水、食物及各種
所需，都從外地供給。風水上，這是三元曆法中，地方之山川
格局配合時運旺星而出現。但時運過去，需求改變，資源生產
條件衰落，人民便因生活條件敗壞或改変而遠走他鄉，地方也
開始衰落。

中國的新疆羅布泊古城，就是在沙漠中擁有水源之綠洲，
利用沙漠四周之貿易而生存，但因為水源乾枯，人口離開而變
成死城。

在美國洛磯山脈中也有不少小鎮，在一個多世紀前，因為
開鑿鐵路及尋金熱而興起，隨著鐵路建成及黃金資源枯乾，小
鎮都變成無人之鬼城。美國的底特律市（Detroit），是二、
三十年代美國汽車工業的重鎮，有汽車之城之稱，但隨著外國
汽車入侵及汽車工業之遷移，底特律已變成入不敷支，並宣告
破產，市內有錢人口流失，公共建設都無法維持正常補養，市
面一片頹垣敗瓦。

澳門在三元曆中，適逢配合八運珠江水之流向，在2003~2004年左右開始有大批賭場之建成而發旺起來，人均生產總值遠超一向較好的香港，這正是元運之影響，但可見隨著八運衰退，九運到臨（2024~2043年），澳門在此運，會漸漸趨回較平淡而不會像八運那樣暴發。

三、四十年前，即在七、八十年代，香港前途有不穩定因素，不少人都以移民到歐美國家為人生第一目標，甚至放棄高薪厚職，因為外國經濟發達、政局穩定、人民生活富足，又有充份就業，而且，持有英美獲照，可以在世界各地周遊居住，而不需要申請個別簽證，且更有這些國家保護，出了問題，美國甚至會派海軍陸戰隊去拯救你！

萬萬想不到，今日，持一個（中國）香港特區護照，比持英美護照，在世界各地旅遊更安全。看2008年，從巴基斯坦跑到印度孟買的恐怖份子襲擊多個地點，包括奧布羅伊及泰姬陵兩座五星酒店，在酒店內查看遊客之護照，而只針對性殺死持英美護照之人。

回看歷史，戰後七十年間，除了部份地區外，世界因歐美俄之克制而大致和平，期間不少國家及地區有翻天覆地之變化及增長。舉例有美國帶領西歐在二次大戰後恢復之外，還有五十年代日本之改變、六、七十年代亞洲四小龍，以至自八十年代後之三十年，中國高速增長，都成為帶動世界經濟的動力。中國社會經濟從農業為主，漸漸改變至以工業及服務業為經濟主導。大量工廠建設在舊城市之外圍，吸引了不少農民人口到城市做工，加入建設的隊伍，城市化成為一個改變世界的現象。

　　中國諺語云：「三十年河東，三十年河西」，是說歷史上黃河屢次改道，原本在黃河東岸的村莊，多年後因黃河改道而變成在黃河西面。原本是形容世事盛衰，因時間而有所更替。但在今日城市化之動力下，不少在舊城市外的農地，已變成車水馬龍的新商業中心區，或高級住宅區。這是三十年河東的具體顯現。

　　這些城市興衰的表現，是歷史上的偶然，還是有一定的規律呢？中國古人歷代從長年歷史的統計中發現，這些變化原來是有一定的規律的。這個規律結集演化為一套風水術數上的曆法，稱為三元九運曆。此曆以五百四十年為一個單元，稱為大三元，五百四十年大三元再分出三個元，每個元是一百八十年，稱為上元、中元、下元，而上中下三元則每元再分三個六十甲子，合共九個六十甲子，分配九個運，每運約二十年，以一至九運命名，上元配一、二、三運，中元配四、五、六運，下元配七、八、九運。我們現在處於下元八運之中（2004~2023年）。一個城市或地區以至一個住宅單位之興旺，除了因其山川形勢而有吉凶外，也是配合這元運時間衰旺之飛星而出現衰旺之別。

發展之限制

人民聚居，均傾向在聚居點建造一些標誌建築（一般是特別高大的建築物），用以表現自我及當地之文化，這些建築早期多作為軍事上之制高點，觀測敵情及高射作戰之用，另外，也有部份是表現某種特殊功用，包括教堂或國王統治者之皇宮，所以，只限制給有一定社會地位之人士，如財閥及王親國戚等等便用。地方上之官吏，也會立法阻止一般平民去模仿建造。粗壯高大的木材非常難求，也十分昂貴，木材的高度也就限制了當時建築的高度。

中國每個朝代都有規定給各階級官爵建府第，不依規定便是僭越，這可是一個非常嚴重之罪，清乾隆朝的貪官和坤十大罪狀之一，便是僭越，其府內仿皇宮之建築規格。此外，建築材料也有限制。

在歐洲，一般民居都以磚為主要承重牆，由於力學限制下，建築物的高度也有局限。而石的承受力較好，但運輸費用昂貴，只有在貴族皇室建築才使用。

工業革命時代後，鋼筋水泥及大型鋼樑的出現，使人類可以建造更大更高之建築，有些城市早期對建築沒有約束限制，引起了混亂和不受管的情況，執法者吸收了一些教訓後，便訂立了一些法律法規，用以限制建築物的大小及其內部規格設備，以符合公共衛生及消防等安全需要。

漸漸，管制城市發展的法規因而誕生，而香港的法規也是在吸收錯誤教訓中，一步一步建立起來。

香港政府管制房屋之發展，現在是以三個主要部門來執行，它們分別是：

(1)　屋宇署（Building Department）
(2)　地政署（Lands Department）
(3)　規劃署（Planning Department）

但這三個署並非一開始便在早期香港政府成立。

早期香港政府成立時並沒有這三個署。在 1997 年回歸之前，所有工務工程及房屋建設審批，都由當時的工務局統一管理負責，局下面有九個署及辦公室（Department & Branch），所有部門與部門之間的矛盾，在內部會議解決，對外間統一口徑，效率較高。但缺點是權力集中，容易出現隻手遮天或貪污之現象。

英國殖民地政府在九七離開前，慢慢分拆開這些部門，將辦公室升格為署，今日這九個部門變成歸於三個司九署之內管理，架構多了，互相不讓步及不協調，效率也降低了。

地契之管治

英國殖民地政府接管香港的時期，受割讓及租借條款之年期限制，所以這些土地只能以一定限期租給地主，界限街以南、香港島等區為割讓地，最早的租約為 999 年期，界限街以北、新界等地為租借地，租約為 99 年期，早期地契都是以土地條例（Land Ordinance）來規管，由當時之地政辦公室（District Land Office）負責。

早期的地契非常簡單，沒有甚麼規管發展面積的內容。理論上地契是香港政府與買地業主簽下一份合約，所以買地條款是你情我願。早期之地契中，有部份內容今日已不適用，例如有些港島地契禁止該地用作皮革染廠（Tanner）之用，大家可以想像，皮革染色是一個極度污染的行業，但到了今日，誰人會再在市區中心造皮革染廠呢？

地契中也可以反映了當年殖民地之不公平及種族問題，筆者見過一幢新界別墅之原始地契，該地主是一位英國人，他當年找到倫敦有勢力人士為他寫信給當時的新界理民府下之地政部，便可以獲准批地建屋，不用投標，內容似乎也未見有收地價。

今天，新的地契內容非常複雜，用以規定一些在城市規劃條例及建築物條例中所不包涵的限制內容，包括環保、園林等，部份甚至限制建築的單位面積大小，保障城市若密度免於過高，影響城市之生態及市民之居住環境。

城市規劃大綱圖

　　城市的分區計劃大綱圖（Outline Zoning Plan），是由城規會審批及規劃署規劃，是界定地塊之可使用用途，用以平衡某分區內的綠地、公共設施、工商業及住宅之分佈，以免出現不協調的情況，也規限部份地區之發展密度及高度，使區內不會因為發展過密，而招致交通阻塞及各種社會衛生問題。

　　在1997年前，由於啟德機場還在使用，為了方便飛機升降，九龍半島以至北角北部一段都有高度限制，其中九龍城內賈炳達道至公主道一路之限制最多，房屋也只可以建六層以下。但這些限制在飛機場搬遷後已放寬。

　　另一個受城市規劃影響的是九龍塘別墅區的一帶，當年之規劃是要在九龍中心建造一個低密度之花園城市，所以才有九龍塘別墅之出現。但是因為九龍塘是位於九龍半島之市中心，到東面牛頭角、觀塘，及西面油尖旺，北入新界，是九龍東南西北交通之樞紐，如果此地有高密度發展，便會招致大量車流人流，影響交通，所以在1997年後，此區之建築密度及高限都只有些輕微增加。

建築物條例

　　建築物條例（Building Ordinance）是今日控制發展面積體積的主要條例。在歷史上建築物條例也經歷過大大小小的修正，每次主要的修改，都影響我們今天城市的外貌及景觀。現在的新分區大綱圖中之發展，一般最多是限制發展密度為建築比例 5 倍，簡單解釋，如果地塊是 1 萬呎，則總可建築之面積為 5 倍，即 5 萬呎。

　　在建築物條例下，一般市區之住宅建築密度為建築比例 8 倍，有些情況下可增至 9 倍。而建築物條例中之工商業比例最高，可達至 15 倍。1 萬呎可建 15 萬呎建築面積。但有些地契內已有限制可建築之面積，所以一塊地之發展會出現三個限制，一個是地契，一個是建築物條例，一個是城規會的分區計劃大綱圖。依照上述三個規管，只可以取限制最小的面積來發展，發展商想爭取最大利益，便向有關部門申請修改。一般情況下建築物條例是最寬鬆，但不可以加大，如果是突破城規會或地政之限制而獲得修改，增加的面積一般都會依附近地價作補價，才可以增加發展密度。

香港居住密度世界第一

　　香港是全世界居住密度最高的城市之一，全港之土地面積約為 1110 平方公里，居住人口加上流動之旅客大約有八百多萬人，而人口主要集中於香港、九龍及新界新市鎮——高密度高層大廈為主。根據 2015 年規劃署之公佈，香港人住屋的總面積，只佔香港總面積之 6% 左右，其中私人屋邨高層大廈佔 26 平方公里，公屋佔 16 平方公里，鄉郊低層丁屋住宅佔 35 平方公里，而我們的郊野公園、綠化地等之面積佔 842 平方公里，約為 76%。所以香港人其實是被壓迫在一個很小的空間居住。

　　經過百多年演變，香港由一個小漁村，發展成今日的國際大都會，其居住環境，是人類一個全新之經驗。因為雖然外國也有不少高樓大廈，但在住屋方面，較多比例的人住在比較低矮的樓宅中，而高層大樓與大樓之間，也有較遠之距離，高樓之間的相互影響較少。但是香港由於建屋和人口密度高，所以高樓也是相互比鄰連排，是世界獨一無二的人工居住環境。

在 1997 年香港回歸中國之前，香港的九龍城寨是世界上唯一未有工程監察批准，由個別人士自建而成的高層貧民窟，這組高達十二、三層之建築群也是人類文化史上的一個特例，香港的一個特色，所以世界不少建築學者，專門到此地研究這個現象。1997 年回歸之來臨，鑑於九龍城寨是中英割讓香港條約中，唯一未被正式割讓的中國領土，成為歷史遺留下來的問題。後來殖民政府把九龍城寨拆毀，只留下當日的衙門，歷史遺留下來的問題便在 97 前解決了。

‖⋯⋯ 1865 年的九龍城寨

I···· 1970 年代的九龍城寨

　　雖然世界各地也有人口稠密的住處，也有不少貧民窟，但
多是以低層住屋為主，香港是現今全世界之獨例。簡單了解香
港的房屋發展史，是可以了解人類在高密度下生活所產生的經
驗及問題，也可以了解今日香港的住屋在高樓價下變得越來越
小的趨勢。是人類在高層大廈高密度居住的一個全新經驗。

香港住宅發展史

　　回顧英國人未佔領香港之前，這個小島及周邊地區之住屋，與廣東嶺南清代房屋無異，都是一層高的金字頂磚瓦房。小島的房屋各有個特點，近海邊的，房屋一般比較矮小，只有一層高，除了房屋矮小可以減少造價成本之外，矮小房屋面對大海吹來的颱風會減低其受風面積，減少破壞，但在一些遠離海岸而多面環山的地區，諸如元朗、粉嶺等地。由於颱風受環山所阻，風力減小，便看到一些比較高大的一層平房屋。

　　有些會在房屋之後方建半層閣樓，作為擺放神位、儲物等用途。由於樓底高，在南方炎熱的天氣下，熱氣會從地面升上屋頂，而在屋頂打開之瓦片及牆側的小窗散去，在炎夏走入這些舊屋，不需空調也會感覺陣陣清涼之意。而這個小閣樓，在室內也會形成一個隔熱之作用，當熱空氣上升至上屋之上半部時，空氣因閣樓影響，熱空氣反而不會輻射到地下層。

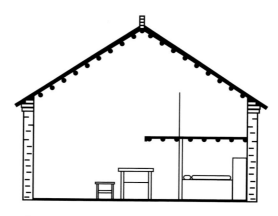

⌐----- 嶺南閣樓

殖民地民居

鴉片戰爭後，英國人先在割地沿海岸平地上建碼頭及規劃街道及建屋，當時殖民地之日常運作經費，並非由英國資助，而是靠賣地作碼頭、貨倉及住宅，在歷史上，賣地一直是香港政府的經常收入。

殖民政府在香港最初之規劃，仍帶著種族歧視來劃分。以中環畢打街為分界，畢打街之東地段只可以賣給英歐人士，華人再有錢也只可以買畢打街以西之地。

而當時買賣地作地產發展，習慣以整片地段為單位，所以一般平民都無法參與及擁有私人住宅，而是租屋為主，為了在整體價格上不至太貴，給平民的地段，一般都會比較窄小，以便多一些人可以購買，今日上環太平山街、差館里等一帶，還可以看到。這些地段臨街的舖面寬只有十四英呎左右，大一些的地段舖面則是二十八英呎（8米多）左右，所以不少地段都是很深長。

I····· 山頂英式大宅

　　而英國人最早集居之地區，會仿照老家的傳統，建造一些
有花園的兩層高平房別墅。當年港督督府未建成前，便是租用
英國地產商在花園街發展的花園別墅作為港督府，直至中環港
督府（今日禮賓府）建成，港督才遷回中環。後來，香港的華人，
不少因經商致富，也漸漸變成地產業的大買家，鈔票是無界的，
為了賺錢，不少英國人願意把中環以東的地皮，賣給一些高級
華人，原本用種族來分地段的政策也漸漸被打破了。而在港島
之中環商業區，則仿照英國人在上海外灘的方法，建造一些百
年大業的大磚石建築作為商業中心。

　　由於英國人來自較北緯度之地區而苦於華南炎熱之夏天，因此，他們仿效當時在印度之做法，在香港島之山頂地區建造別墅作為避暑之地。但是在春天，山頂地區常常為濃霧環繞，非常潮濕，出入也不方便。所以英國人把主要管治官員之官邸，建在今日山頂白加道上，因為這條街之高度，正是香港的日常霧線（Fog Line）之下，較少受濃霧影響。

　　在畢打街以西之華人三環九約地區，由於人口比例較高，因此房屋也建得比較密集，一般是三層高的唐樓。用一條樓梯連通，而廚房則設在後方。最初的地段是背對背建成，後方是與鄰屋相連，加上當時是沒有管道排污，沒有廁所，所有排便是要在晚上放在街邊之大桶中，由夜香人帶走，所以衞生情況非常惡劣。1874 年，香港西環因衞生條件不佳，引發生一場大鼠疫，導致 2000 人以上喪生，當時三分之一人口逃離香港，殖民政府派員到唐樓洗滌清潔，即所謂洗太平地。除此之外，更拆毀鼠疫嚴重之地區，建成今日之卜公花園。

　　由於房屋相連，加上當時地板天花都有木質結構，一旦發生火災，會引發連環大火，消防員滅火困難。1666 年，英國倫敦大火，使人口 8 萬的城市中有 7 萬人痛失家園，1871 年，美國芝加哥大火，燒了 9 公里之地，之後城市規劃都有規定，房屋之街後方，要預留一條小巷，以作逃生及消防滅火之用。

1 ▌···· 白加道英式屋

2 ▌···· 白加道 15 號，政務司司長官邸。

　　當年煮食，以木柴或煤球為主，生火煮食時，煙霧彌漫，加上當時經濟環境，多家人共住一層分租，共用廁所及廚房，是非常普遍的，若真起火，情況非常惡劣。英國大文豪查爾斯·狄更斯的《孤雛淚》所形容的生活環境，正是本港開埠初年，上環、西環之中式唐樓的一個好的寫照。因此，便來建築物條例要求新建房屋要有一定排污衞生條件，不再收集夜香。1862年，香港煤氣公司成立，初年只有少數有錢人使用煤氣煮食，為了預防廚房、廁所在使用煤氣時有泄漏，煤氣積聚引致爆炸，所以廚房及廁所要求有一定比例之窗戶，而其中又有十分之一是可以打開，預防泄煤氣毒。自此以後，規劃上每片地段之背後與後背地段之間，預留了一條 3 米闊之後巷，方便建設街渠以方便連接新建唐樓內廁所。在一些原本背對背之地段，每當重建時，便要退縮 1.5 米，交給政府作後巷之半段，以爭取政府批准重建。當時原本規劃只可建四層，由於人口之壓力，為了可以增加建築面積，便容許二樓以上，建在行人路上，以兩柱樑支持。這種建築在清末東亞英法殖民地及廣州、台山等城市都非常普遍，形成一種特色的走馬騎樓式建築。

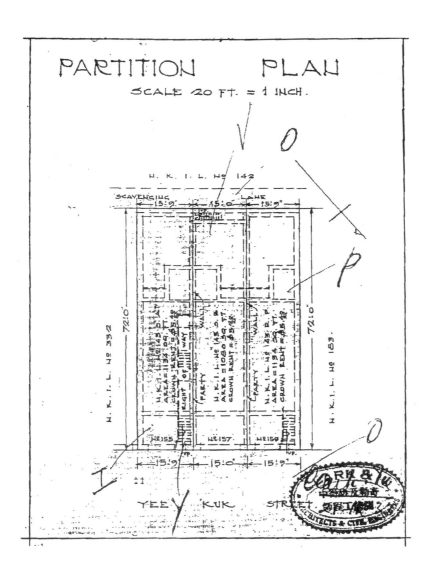

I..... 為了在整體價格上不至太貴，給平民的地段，一般都會比較窄小，
以便多一些人可以購買。

I····· 戰前唐樓

這類建築在香港已不多見，反而廣州西關上下九一帶，則刻意恢復這種風貌。在功能上，這些走馬騎樓，在多雨及夏天炎熱的時候，為行人提供擋雨遮陰的效果。

新建的唐樓，在廚房及廁所方面，要求有足夠之自然通風，所以這類唐樓後背都會有個凹位或一些天井，用以滿足這個要求。樓內沒有磚石間格，而由於入住家庭和人數多，便用木板分格，漸漸形成板間房，一個樓層往往間有三至四間房，中間的房便沒有窗戶，便在板間走廊上部，留空造透通之木格花架，以便通風。走廊就出租床位。想要看這類板間房，大家可以在五、六十年代拍攝的黑白粵語殘片找到。由於地段面積少，為了增加使用面積，便減少公共空間，往往與隔鄰的唐樓合用一條樓梯，左右兩面開門，這樣每幢樓只佔半條樓梯，樓梯業權也各半。

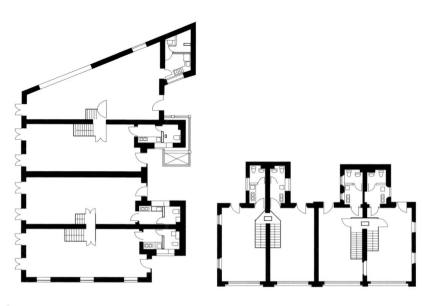

|···· 規劃上每片地段之背後與後背地段之間，預留了一條 3 米闊
之後巷。

▮···· 灣仔籃屋是保存至今的戰前唐樓。

50

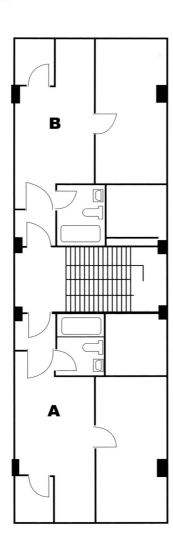

▌‥‥‥ 相鄰的唐樓合用一條樓梯

六層之唐樓

到了二次大戰後，戰備使用之水泥減少，鋼筋混凝土為柱樑之建築日漸普遍和更結實，加上迎合戰後回遷到香港的人口，和逃避國共內戰來港的人口。於是建築物條例又再修改，唐樓也可建至六層高，可是沒有電梯，只有一條樓梯。

I..... 囍貼街唐樓

消防與建築

香港並不是位在活躍地震帶，大部份民居地方也不是面對南中國海，所以地震和海嘯之可能較小，傳統都是採用磚石及鋼筋水泥結構建築房屋，用木結構較少，房屋也比較堅實，颱風雖多也早有預防。氣體爆炸也只是個別住宅單位的意外，由於用磚石間隔，很少會影響鄰近單位。

香港居民房屋意外，造成最大傷亡和最普遍常見的，是建築單位發生火警。在明清朝，因為人口增加，居住環境日益稠密，而單家獨戶的狀況，只有在偏遠之地出現。加上元、明、清朝末年治安不靖，流寇日多而勢大，為了集中保安及防衞，不少士族鄉村至城市都會集中比鄰而居。

中國古代建築是木架構為主，但木房子最忌火災，如果屋宅並排，很容易發生火燒連環屋，倫敦大火、芝加哥大火都是世界有名的火災，使整個城市之規劃及樣貌改變。明清住宅建築，為了減少日益短缺之木材料及防火需要，採取左右兩面為磚牆，屋頂用木樑瓦片的建築方法。這些在前之經已提及。

┃····· 曾大屋之山牆稱為鑊耳牆，因形象煮食鐵鑊的鑊耳而得名，它又稱
官口屋象，古代官員之官口有加官進爵之譬意。

1
2

1 ┃····· 徽式傳統建築之山牆，徽派民居之特色。今日在此區建房，
政府會徵收徽派山牆之特別按金。如果不依徽派山牆建房，特別
金會被沒收，以鼓勵統一地區特色。

2 ┃····· 徽式傳統建築之馬頭牆

中國傳統建築中，以平房為主，加建二樓以上的閣樓為小數，但到了清末，廣州、香港等地受西歐人來華之影響，建造不少歐式建築，廣州十三行及香港、澳門等地。二層、三層，以至四層的唐樓開始出現，樓層都是木樓梯連接，如果火警發生，高層逃生也成為一個新生議題。

六層樓的住宅，居住人會較多，人性爭相逃走，雲梯撤退緩慢，難依賴雲梯在一時之間，把所有人撤退，六層樓若只有一條樓梯，在火警時，如果下層火燒波及樓梯，不能往下逃走，住客可以往上跑到空曠的天台上，等待雲梯救援或消防隊把火熄滅。當年的雲梯，一般只可以到達六七樓的高度，超過的話，消防雲梯並不能到達。所以當年建築物條例規定，提供單一梯之房屋，最多可以興建到六層高。

今日科技發達，但是雲梯、吊梯之高度，也仍有一定之限制。現在最高之機動吊車是中國三一重工出品之吊車，當年日本三一一地震海嘯後，福島核電廠出事，把儀器吊入已破頂之廠房，便是借助中國的吊車。而今日之消防車雲梯，最高可達到約十七層樓左右，但礙於大廈之設計，比如一至四層裙樓凸出街邊，而高層則縮入地段，會影響雲梯可伸縮之高度。

當年油麻地嘉利大廈大火，消防雲梯便不能直達天台，當時逃生上天台的人，只可以利用直升機逃生。所以事後建築條例也有所修改，規定高層大樓有一定比例的臨街或消防通道，以改善高層大廈之逃生。因為高層大廈不可能依靠雲梯，而是靠內置的消防樓梯，由於樓層高，如果火災發生在十八樓，消防員帶著沉重裝備爬走十七層樓，會嚴重消耗其體力，影響其滅火效率。因此高層大廈要求建有起碼一幢消防電梯，在火警時為消防員專用，用以載運消防員及裝備到火場附近樓層滅火。

戰後房屋之增長

　　自 1945 年大戰後，1949 年後大陸變天，加上五、六十年來的各種運動，大批有錢無錢的難民湧入香港，造成房屋需求的極大壓力，有不少人被迫在山野搭建木屋居住。因此，政府更改了建築物條例，開放及增大可建築面積，形成香港規劃建築的大改變。當時電梯也開始由西歐引入，居民不需要再徒步爬上多層樓。當時是以當家英國的建築物條例作藍本，建造成一批批大面積的住宅。樓高超過六層房屋，都要求有電梯及兩條走火樓梯，而其樓面面積是以當時英國所用容積量計算，其結果等於今日地積比的 10 至 12 倍左右，比今日建築物條例標準 8 至 9 倍為高。

　　這次發展也形成了香港戰後第一次地產高潮，大型容積條例建成的商住兩用樓盤，在市區出現；今日港島灣仔、銅鑼灣、九龍油尖旺，仍存在不少這類超地積比例的樓宇。在一些地盤面積較細的，可建成十三、四層高，提供單一電梯及雙樓梯的住房。

建築物條例中，還有規定每個住宅中之生活空間（Habitable Space），包括客飯廳、睡房、廚房、廁所等，都提供一定比例的窗門面積及可以打開之窗戶（Openable Window）。這種要求源於十八世紀英國工業化前後，那時候大量農民人口湧入城市，城市房屋連排密佈所引發出的防火及衛生問題。由於爭取通風和日照，所有沿街比較空曠的地方都被用作為大廳或睡房，廁所廚房都會被設計在地段之後方。在一層多戶的設計中，這方向也會設計成入屋之通道，所以為了滿足廚廁有窗戶向外的要求，六十年代前，多層住宅，中央位置都會夾著一些全封閉或單面向外的長方式半封閉天井。由於這是公共空間，當時大家公共意識又不足，舊式樓房缺乏統一管理之條件及觀念，這些天井往往成為這類舊式高層大樓藏污納垢的地方。

　　當五、六十年代高層之大廈興起時，這一類的龐然大廈，每多設計有兩條走火樓梯及一至兩個電梯，而在每層樓，有一條單邊或雙邊走廊連接多個單位，一條走火梯會設計在電梯附近而另一條會設在走廊盡頭較遠的地方。所有單位在入口附近設有廁所及廚房，由於建築例條例對廁所及廚房通風的要求，在兩戶之間，設計小天井或一個長形 U 形，三面環屋而一面向空的天井，廁所、廚房一般就設計在此天井之旁邊。這些連排的單位，面視地塊之大小方位，一般都會爭取面對大街開揚的位置。

　　當年這些單位一般比較簡單，除了一個小廚房、小廁所外，都類似三、四層唐樓的設計，只有一個深長的大空間；如果向街面積比較闊，便把兩個單位之闊度合併，變成一個房間及一個大廳。這類大廈當年之規劃，一般是規劃定為商業住宅混合或住宅甲類形式。商業住宅混合形是指該大廈可以作為住宅或商業用途，由於這些大廈大部份位處今日灣仔、北角、油尖旺、大角咀等港九市區中心，地區交通方便，地舖之租金昂貴，有很大的商業價值，所以不少小商業都會租用這類樓上單位，作各種商業活動，包括一些色情夜總會等偏門行業，這些大廈往往變得混雜，可能有住宅、牙醫、樓上零售批發店或小型賓館等等。

戰後的一些大廈，在每層樓，有一條單邊或雙邊走廊連接多個單位。

由於當年用建築容積計算的可建面積比例比起今日香港住宅的建築地積比例高，（現時一般只有 8 倍，有個別可以達到 9 倍），在經濟效益和可用面積上，並不吸引發展商及市區重建局重建發展。

┃‥‥‥ 鰂魚涌益發大廈和北角新都城大廈，正屬於戰後這一類的龐然大廈。

街影

在美國及歐洲，大部份的大城市都是建在北緯比香港較高的緯度上，芝加哥及紐約等是世界上首先建造二十多層樓的摩天大廈的地方。由於高樓密集，這些高樓大廈往往緊貼地段界邊而建，在街南的摩天大廈就會遮擋街道的陽光，在北緯較高地方，街上的小氣候（Micro Climate）變得非常陰寒，為了改善這種人造的情況，便推出一個名為街影（Street Shadow）之規劃規定。這個街影在中國大陸稱日照，也是同一道理。但方法有些差別。其原則是如果某發展所處的位置，發展的建築物之高度不能超越街中間所立的某一個角度，這角度在較南的地區會較大，在較北方地區會較小，形成一個反比。

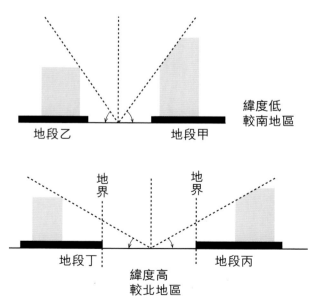

I····· 街影示意圖

香港當年所採用的是在街中計算，不管地段，向東南西北也是從街中起計 76 度的三角間不能超越。

大角咀八文樓

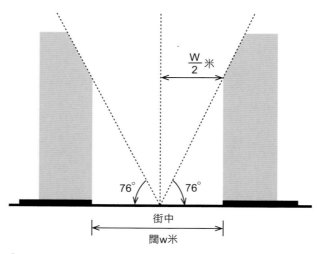

I···· 香港的街影規定

　　根據當時之立論，由於香港位於北緯 23 度多，以 76 度計算，每年至少有一天，太陽陽光可以從南面照射到街中心。所以今日香港還有不少六、七十年代住宅，在最高的樓層上出現後縮之形狀，形成一個奇怪又不美觀之設計，但這種形式在高密度的城市便會出現，香港也不是孤例，日本東京、大阪，因為不遮擋特定歷史建築之外景觀而成立的街影，因此也有類似的建築。但香港位於溫帶，每年的陽光充沛，不會像倫敦一樣，出現全年街道會被遮擋變成黑街的情況。

　　這只是當時殖民政府跟隨當家所沿用的政策規範。但是，因為香港用的地積比例高，所以為了符合這規定及盡用地積比例容許之面積，六、七十年代在不少市區地方，如灣仔、旺角等，都經常見到近頂層後退的設計。這套適用於較北緯度地區的規定是英國殖民地之遺物，到了八十年代末期便取消了。

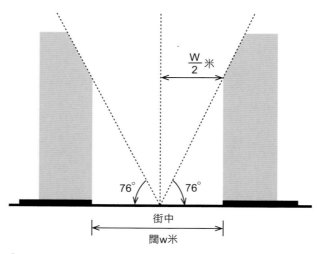

六、七十年代豪華單位

　　在六、七十年代之地產發展中，有不少個別小業主，把原來二、三層住宅的地盤拆卸重建。這時期，在一些比較高級的地區，一般都會發展成面積較大的高層豪華單位，一般在 900 呎至二、三千呎都有，今日九龍界限街、太子道、窩打老道，香港東半山天后廟道，西半山羅便臣道、干德道，南區以至山頂一帶，都有不少這類住宅。一般是一梯兩戶或兩梯兩戶，供應一至兩部電梯。這些單位，由於面積大，有 2 米寬以上之陽台，其客飯廳以至主人房、客房等，大小都接近歐西之標準，廚房以外，更有工人房、曬衣房、儲藏室、主人房，一般最小的一面不會小於 3 米。

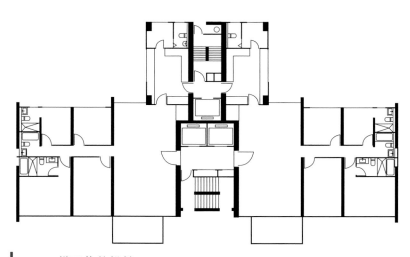

I⸱⸱⸱⸱⸱ 一梯兩伙的設計

　　這種住宅由於有磚石間格梗房，被稱為洋樓，當年如果可以住在此類房屋，便稱為買洋樓、養番狗，是發財有錢的標誌。可惜，我們香港這自稱國際標準的國際都會，往後住的單位面積卻越住越小。

五、六、七十年代
發展多看風水

　　五、六、七十年代發展的住宅，不少是由小業主自己改建發展，供自己及家人自住，部份出售、出租，作為投資。由於這一代的中國人，傳統文化較深，又經歷了民國、二次大戰、文革等各種政治波動而遷到香港，比較多人相信風水，在開始設計時，便會找堪輿師提供意見，在選擇地盤立坐向方位，開門出入口等都有講究，所以這些住宅很少出現火燒心、門路沖等風水毛病。

　　這類老建築的住客不少也是一住便住上幾十年，很少出售，直到該建築衰老失運，或老住客壽終才有轉手。這也是間接反映這類建築風水好的表現。而這時代的設計中，單位都是比較四正，多是長方形，偶有一些廚房等凸出，但整體是依照中國古代傳統，盡量用方正為一個單位的基礎。其實從風水的角度，一個長形方正的單位是比較穩定之幾何形狀，住者會比較穩定，不會常常遷移。

相對八十年代出現的鑽石型單位，由於型狀不穩，香港人也多了出外謀生、內地工作或移民外國。四正單位的八卦八個方位都齊全，代表家中父母、兄弟、夫妻、兒媳、子女齊全，這正合符當時一家同堂的大家庭狀況。如果單位缺角，則要視八卦飛星而定，家中便缺少了某成員，這正好反映了香港小家庭的情狀。例如一對夫婦只有一個小女兒，他們便缺了年長的祖父母及小男孩，但這也是今日正常之家庭結構。

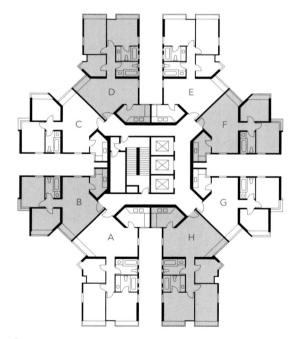

Ⅰ----- 鑽石型單位，形狀不穩。

九龍機場限高

雖然政府放寬了樓宇之密度，但在九龍市區，九龍城一帶，及北角近碼頭一帶，是當年香港的飛機航班路線，因此，當時的城市規劃，在內部有規定上述地區有限制建築高度的要求（離機場較遠之深水埗等地方也有限高）。當時由於沒有城市規劃條例，政府就在建築物條例中，加上一條因城市規劃而否決建築物審批的條

款來限制樓宇高度，後來不少新的地契中，也加入了限制建築物高度之條款。這個限高的結果，令九龍地區建築物，長期不可超高空發展，但當時政府賣地時，仍是一律依建築物條例的地積比例來批准發展，香港、九龍的住宅，都是 8 倍至 9 倍。因此同樣地盤，香港的房屋會較高較開揚，高層可以看到維港景；但九龍則會變成肥肥矮矮，一層較多戶數及屋望屋，只有海邊房才可以見到維港景。

九龍塘之花園城市

　　其中九龍塘一帶更被規劃成花園城市（Garden City），只建二、三層高住宅（詳見後文），到了九龍城一帶，雖然可建多層，但也是全九龍市區最矮的多層住宅，當飛機低飛降落啟德機場時，飛過九龍城之街道及屋頂，是不少外國人喜歡用來拍攝的奇景，今天九龍城雖然限高規定已解除，不少地盤也重建成二十多層高的住宅，但是還有小量矮樓可見。

　　九龍塘位於樞地位，不宜用高密度地積比發展，避免大量交通流量形成交通阻塞，和平時期不利市區民生交通，戰亂或特發事件時，則不利軍警行動。今日中國有不少城市高度發展後，出現大塞車，就是因為在發展城市中心時，為了爭取最高利潤，容許高密度重建，人工造成市中心塞車，因而使市區癱瘓。

┃⋯⋯ 九龍塘多低矮建築

九龍塘限定發展

啟德機場遷往赤鱲角後，九龍塘一帶還是被城規條例限制發展高度及密度。當年英國政府的考慮，是因為九龍塘地位優越，它位於九龍的中心地帶，距離西面油尖旺區及東面至牛頭角，觀塘區都是十多分鐘至半小時內的車程。在戰略上是控制九龍之要衝，因此當年首先便把九龍東軍營設在此處。到了九八年後，雖然九龍市區大部份地區之限高已被取消，而九龍塘還仍是要保存其花園城市的規劃。

九龍塘被窩打老道穿插其中，分為東西兩區，兩區之發展有很大之區別。今日窩打老道以西至火車路之間的地區，有近四十間住宅外，更夾雜了不少時鐘別墅、宗教道堂、學校、影樓以至骨灰龕場等等，非常混雜。而窩打老道以東，則大部份是純住宅，只有少數特定商店會所及學校。為什麼會有這個區別呢？原來這是因為兩區之地契內條款之分別。香港政府賣地，是由當時之地政辦公室（今日地政署）所定，不同時期有不同條款。而九龍塘西區之地契，內部沒有太多的限制；但九龍塘東之地契，則規定只可以作住宅用途。所以六十年代，九龍塘西有人看準時機，在此建立第一座情人別墅，也是利用此地契之漏洞，打勝官司，政府無權阻止。

┃••••• 九龍塘多低密度住宅

　　此漏洞一開，有如決堤，九龍塘之汽車別墅林立，有不少
男女都以此為偷情之地，地鐵開通後，九龍塘站正位於第八站，
所以第八站成為偷情之代名詞。因此其他宗教道場、幼稚園及
婚紗影樓等紛紛進駐。政府現也個別放寬限制三層樓的條款，
城規會也批准了一些專上院校建六層高之建築。

五台山廣播道之獨特發展

　　傳統港英城市戰略保安規劃，均要求人口集中地區需設有兩條通道連接，若有災禍出現，包括山泥傾瀉、大型交通意外、爆炸之類事件，引致其中一條通道阻塞，還有第二條通道實施救援。但是，廣播道一帶是一個特例，它只有一個由聯合道進入的入口，這個設計也源於政治戰略之考慮。因為在互聯網未普及之時，世界各地，如發生政變、暴亂，往往都先佔領電台、電視台，因此不少電台、電視台都會設在戰略上容易控制的地方。

1967年香港暴亂，當年各電視台、電台都是分散香港各地。商台主播林彬在返回商台時遇襲身亡，因此當時港英政府基於保安考慮，設計了廣播道一帶，先後把五個電視台遷入此區，因為此區有英軍宿舍及鄰近軍營，方便政府監控，五台山之名因此而定（當年港英接管新界時，曾經出現新界人反英的運動，因此，港英管治新界初期，首先在戰略高地建立警署，用以監視該地區之鄉民活動，屏山、大埔、落馬洲之舊警署也是基於此因而建立的）。但九七之後，政府保安科似乎未有此考慮，電視台、電台等又分散於全港各地。

┃····· 廣播道通向外界的路口

五十年代香港公屋發展

　　50 年末至 60 年初，大批難民湧入香港，使人口急速膨脹，房地產住屋需求大增，有不少人是在市區山邊建造簡陋木屋居住，衛生、防火情況惡劣，1956 年石硤尾發生大火，燒毀大批木屋，一時之間大批難民無家可歸，迫使政府推出快速建成 H 型的徙置房屋第一型（Mark I）。這類房屋每戶只有一個房間，房有一門一窗，外是公共走廊，大家要使用 H 字中間的公共廁所，煮飯則放小石油氣爐在門外煮食；當時人口生育較多，香港人所謂一屋一戶九個人的情況非常普遍，室內往往放一張三層間鐵床，年紀大的男孩及老爸每晚在房內及或公共走廊上開摺床睡覺，到了悶熱的夏天，不下雨的日子，不少人更會在 H 型中間空地開摺床露天而睡，真正是幕天席地。這是香港最早的劏房。

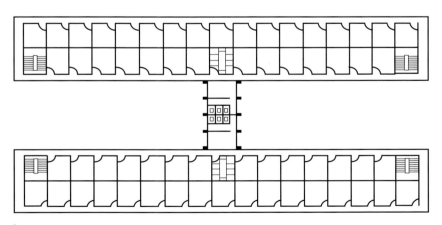

I‥‥‥ H 型徙置大廈標準平面圖

|⋯⋯ 石硤尾邨美荷樓是典型的 H 型徒置大廈。

┃···· 石硤尾邨舊貌

┃···· 石硤尾邨現狀（局部）

屋邨出精英

後來政府建造第二、三、四型（MARK II，MARK III，MARK IV）的徙置房屋，但這些單位都仍是只有一個大房，廁所及小廚房在騎樓之外。這些廉租屋邨雖然面積小，像一個大唐樓房，不少是建在當時較小的市區外圍，背山面海，合符風水的格局。

在室內間格上，因為家庭成員多，都是朝拆晚行的做廳長的，晚上雖然睡在廳中間的臨時帆布床，可是這安排，反而令睡帆布床的人，床腳後有空位，有明堂，如果配合屋邨好風水，單位坐向又好，便會出人材；今日不少律師、工程師、天王歌星及醫生都是由這些廉租屋出身。而坊間也有所謂風水好的屋邨傳聞，包括已改建之北角邨、彩虹邨、華富邨等等。

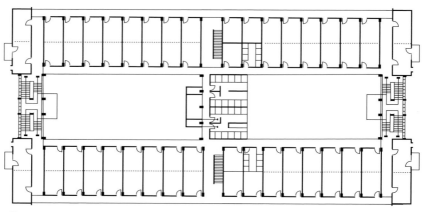

I⋯⋯ 日字型（第二型）徙置大廈平面圖

78

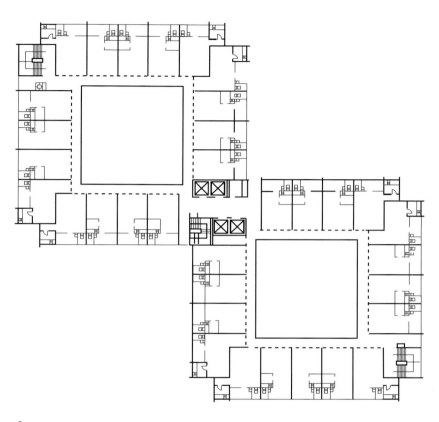

|⋯⋯ 標準型大廈雙塔式樓層平面圖

　　1964 年間制水，不單要樓下鬥水喉，全家老少提著紅 A 膠桶上街輪水。政府開始計劃建造船灣淡水湖及海水化淡廠等去解決食水問題；但四日供水幾小時，建築地盤施工需要用大量淡水，令當時不少接了政府合約的興建商頭痛，有施工隊判頭偷偷用海水代替淡水來混合水泥鋼筋，這就是所謂鹹水樓。這些樓宇在初年，表面看沒有跡象，但由於海水含鹽，受氣候影響，如霧天和雨季，在三合土中的鹽份會使三合土中的鋼筋漸漸生鏽，生鏽之鋼筋會膨脹，向水泥部份擠迫，使三合土剝落。

I····· 華富邨部分大樓即屬標準型雙塔式設計。

　　港英政府也知道這個問題的存在，因此另外成立房屋署
（Housing　Authority），把原來的徙置事務署合併，改建新型
及更好質素的屋邨外，也提出了舊屋邨重建之計劃，把這些鹹
水樓一一更替，建更高樓層，容納更多的人口，掩飾在鹹水樓
工程中貪污、受賄、監工不力的過錯。但始終有些不能掩飾的
情況，早年就有著名建築商因此入獄。

天台棚屋

多年來，不斷有業主在天台上非法建造一些鐵棚屋出租或出售。如果天台還留有空曠的地方，這些棚屋並不阻礙樓下住客在火警時往天台逃生，也對這逃生樓梯的共用未有太大影響。但問題是不少業主或天台住客非法佔領天台，還把天台全部覆蓋，甚至有人會在上天台之通道上安裝鐵鏈上鎖，把天台變成自己私家地方，這便形成一個非常危險的情況。當年美孚新邨的一次大火，天台雖然未有僭建，但管理公司為免閒人上天台，便把天台門上鎖；火災雖發生在樓下單位，由於住客把防火門打開，濃煙沖入樓梯，逃生之人只有往上逃跑，但到天台時不能進入，結果濃煙上升，造成多人傷亡事故。

I····· 天台屋

面對這些六層樓天台僭建屋的潛在危險，在八十年代，布政司霍德曾經想把它們完全拆遷，但當時的建築署官員指出，如果一夜拆遷，便會有五、六萬個單位內的住客變成無家可歸，政府一時沒有那麼多的單位可以安置。結果霍德只可以撤回這個政策。這問題其實在五十年代開始出現，英政府當時不加重視，到臨近九七，才開始慢慢遷拆這些天台屋。今日這些有防火隱患的天台屋，已成為歷史的記憶。

分層出售

　　五、六十年代的地產發展，有了大改革，原本所有地產都是連地權及其上蓋物業一併買賣，只有小數有錢人才可以擁有自己的物業。到了五十年代，開始打破這個方法，把整幢樓的權益及地權分為若干份數，再把樓宇分層出售，這樣，普通市民都可以擁有自己的單位。以一幢六層高、每層有四個單位的樓宇為例，每幢樓分為二十四份，閣下買一個單位，便擁有整幢大廈二十四份之一的權益，這便是分層出售。

 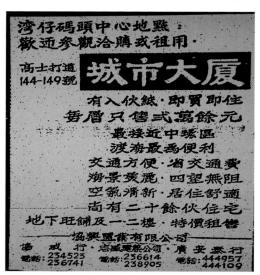

I···· 從五、六十年代起，樓宇開始分層出售。

地產低潮

　　由五十年代末至六十年代初年，由於銀行借貸過度膨脹，1961 年出現廖創興銀行擠提，1965 年，明德銀號及廣東信託、恒生、遠東、永隆、嘉華、道亨、廣安等多家銀行也出現擠提，再加上 1967 年暴動，香港政治不穩，香港地產進入收縮期，不少有錢人移民海外，房地產價錢下跌，老牌英資也想撤出香港，把一些貴重物業一一出售給香港新一代冒起之富豪，包括出售華人行、尖沙咀海旁、P&O 之碼頭等，而當時傳說九龍塘一幢花園別墅只售三萬元。

可發展面積之改革

　　到 1972 年，政府發現，以容積率計算樓房面積過大，遂修改建築物條例，改用以地積比的方法來計算可建建築面積。地積比是以地盤面積的大小作基礎，計算最多可發展的建築面積。上文己有提及。如 1 萬呎地，其地積比是 8 倍，則發展商可以建 8 萬呎之建築面積。其中包括了公共電梯、消防走火梯、公共大堂等公共面積，一般約為二成半，那麼，可售之實用面積約 6 萬 5 千至 7 萬呎左右。但是計算建築面積中，屋宇署又把一些住宅中基本需要的設備空間，免除在計算之內，這些包括大廈內的機電房、來去水之電泵房、垃圾房及停車場等等。

　　在未有現在法例規定之實用面積計算前，地產商認為這些設備空間也有建築成本，所以在賣樓時，也把這些面積分攤到買家的面積上。但沒有一個標準，分攤多少是由地產商自定，有良心的地產商會如實計算，但也有部份誇大算在買家的面積上，買家到了收屋入伙後，才知道其真正實用面積，這就是坊間俗稱的發水樓。

主流飛機則

　　由於建築物條例中，所有公共走廊、走火梯及電梯等都要
計算入批准建築面積內，這樣，這些用地的面積大小，反比例
影響單位內的實用面積，所以地產商及建築師都會想辦法減小
公共面積所佔的比例。例如用一條走廊連通一層兩邊十幾個單
位，是最有效率的設計，所以大部份的公屋都使用這種設計。
但正由於由徙置大廈至公共房屋都使用這種長走廊的設計，私
人樓和豪宅便多會用一個小電梯間，兩梯兩戶的設計，取其私
密性較高。

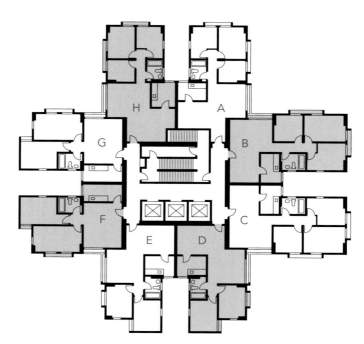

⌐····· 典型的飛機則建築

為了要平衡單位大小，減少公共走廊，又希望每個單位四面有窗、通風光亮，七十年代後，便有一種有效率的兩梯八伙的十字形高層住宅設計面世。這些高層住宅，電梯都被安排在中間，住宅則東西南北四方分配，每方向有兩個單位，而單位與單位之間有一個凹入空間。作為廁所、廚房滿足法例要求的小天井，而每單位除了大門一面無窗外，則有兩面可以開窗戶。

行內人稱此為三面單邊，這設計使單位空氣流通，一般睡房設在入門最深處，入門後便是大廳及飯廳，由於整幢樓之闊度受地盤大小所限，有些較寬闊的設計會把廚房設計在入門左右邊。但也有部份把廚房安放在入門及大廳後的位置，即是在睡房前，位於整個單位之中間，由於廚房用火煮食，在風水上稱此類單位為火燒心設計。所以同樣是十字形，也有是火心燒及廚房在前側的普通設計。

這十字型的設計，平面上很像一隻隻的飛機，一面是機身尾，側兩旁則像兩翼，行內人稱為飛機則。初期這些飛機則單位之間是九十度相連，如果單位太小，大廳窗門，緊貼隔鄰之窗門現成 90 度角，打開窗幾乎與隔鄰握手，大廳從窗戶也可以看見鄰居部份大廳，私密性減低。

窗台

從七十年代開始，地產發展又出現了新的窗台設計，相信靈感取材自傳統的歐洲城市多層單，很多為了可以爭取更多陽光，有部份會建造一個凸出而三面有窗的窗台。港式窗台不直接到地，不構成可用面積，可以不計算在建築面積內，但又可以擴大室內空間的設計。政府雖然不計算為建築面積，但地產商卻可以作為銷售面積發售，一時間，一眾地產發展住宅的外牆，都是這些窗台。

到底誰先採用了這窗台的設計呢？坊間眾說紛紜，有兩位億萬地產商說是他們的設計，也有位資深建築師自認是其設計，也有一位資深地產律師認為是個人之創作，莫衷一是。這四位人物互相認識，最有可能是他們四位茶敘時集體創作此設計。

窗台為床之風水

窗台的設計給了香港人在極小空間內之創作能力，有人把窗台加上枱面，變成一張書枱，有人索性把床設在窗台上。由於條例規定窗台只可以 600 厘米深，這張床有一半要凸入室內，睡眠的人變成一半睡在沒有底，懸空之中，另一半多數為儲物櫃。雖然這是個精巧之設計，但從風水的角度，這床之氣場不佳，窗台像個櫃框緊壓睡者，而床一半經常有氣流在下吹動，這都對睡者身體有不良影響。此外窗台沒有名堂空間，所以睡者也不能積蓄聚財。

I····· 屋內窗台

由於這些窗台設計的住宅外牆只有窗台，並無其他設計，建築師不能發揮他們的才華，地產商作為銷售面積發售，社會上又引起很多爭議，所以到了 2014 年，屋宇署修改《建築物條例》，窗台凸出超過 4 吋便要計算建築面積，所以新一代的住宅中，窗台便漸漸消失。

|⋯⋯ 窗台上架書枱

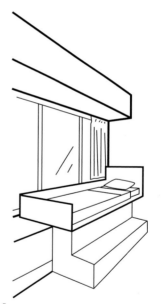

|⋯⋯ 把床架在窗台上，風水不可取。

大型屋苑發展

　　雖然經過 1973 年石油危機，但香港的工廠生產照樣蓬勃，一般人入息穩定，也起了置業安居之心。到了七十年代末年，房地產又開始活躍。當時英資公司利用港英殖民政治的人脈關係，成功申請把荔枝角油庫遷移到青衣，把空出土地改變用途，建成為香港第一個大型屋苑，美孚新邨。在 1979 年推出第一期後，引發市區內大型工業地皮改建的風潮。

|---- 位於港島東的大型屋苑太古城
Wikipedia user-Wpcpey/CC BY 3.0

美孚新邨的設計，兩梯八戶，為營造豪宅的形象，建築師把每層的電梯分為兩邊，中間是走火樓梯，每架電梯供應每層四伙住宅，給人一個少伙數的印象。實際上，一層共有八戶，與一般十字形飛機則無異。而其中間之兩條走火梯，分別從電梯間的左右兩旁進入，但兩條是獨立分開，梯間並不能互通。當時法例上並未規定兩條梯可以互通，兩個電梯間只有防火樓梯之防火門相隔，因此有不少居民會在等不到甲電梯間電梯時，跑到隔鄰乙電梯間，乘另外部電梯。但兩道防火門要開要關，非常不方便，有居民索性用木塊或其他東西擋著防火門，使其長開。而管理上又未能阻止上述情況。這種貪方便的做法，破壞了原來防火門在火警時用來阻隔煙火之功用。在 1997 年發生一次火災，由於有人把最後天台逃生門上鎖，有一批人被困走火梯內，而防火門打開，濃煙湧入，造成人命傷亡災難。

　　繼美孚之後，1980 年代初，英資香港置地把薄扶林牛奶公司之地皮開發為置富花園；還有太古把鰂魚涌原太古船塢改規劃為太古城。其他華人地產商也相繼依此模式發展，黃埔新邨就是舊船塢改造而成。這類新屋邨之特色是，除了住宅之外，還有商場、中小學校、幼兒園以至辦公室、中小社區會堂等配套，自給自足，這也成為以後香港住宅發展的一個模式。

　　太古城大部份是以標準十字型飛機則，每層兩梯八戶為主。但在近海地段，建築師為那些面積較大的大單位設計了一個新的模式，他把兩梯八伙的中間部份扭斜 45 度，成為西北或東南向，而其他住宅單位則依東南西北排列。

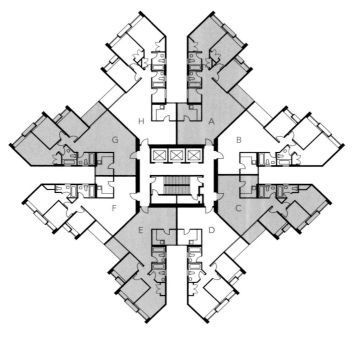

I----- 太古城風車型平面圖

　　這樣設計，可以減少公共面積，實用面積比例達到八十幾巴仙，比一般飛機則的七十多巴仙要高，換句話說，是更加實用，而且其大廳之窗戶扭斜 45 度，便不會看見隔鄰的大廳，私穩性更高，唯一的缺點是不方正，俗話說不得四四正正，放傢俬有麻煩。這種設計平面稱為鑽石型平面。

　　在鑽石型單位中，廁所及廚房，往往安置在不是正方形的部份，買家一般不太介意，但對大廳、飯廳也要求盡量四正，現新一代的平面中都會是，廳房每個都四方，但是整個單位則會出現某方位缺角的情況，有些單位甚至是 L 形或凹凸不平，與六、七十年四正的單位不同。

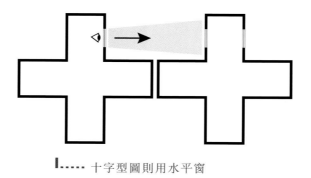

└‥‥‥ 十字型圖則用水平窗

景觀A   景觀B

└‥‥‥ 十字型圖則用扭窗

鑽石型住宅之設計，除了可以增加實用面積之外，也是出於以下的目的：在八十年後，住宅因規劃之改變而越建越高，如果用傳統十字型戶對戶的設計，樓宇過高，未能滿足建築物條例中要求的窗戶距離，這是指窗戶外有一個計算用的矩形水平面（Rectangular Horizontal Plane），此平面內不可有建築阻擋，建築物越高，此平面則投射越遠。所以如果把窗戶扭45度，就可以解決上述的問題。

不過，為滿足建築物條例中要求的矩形水平面，在這一時期的建築，有部份因地塊形狀所限，需要把局部房間的窗戶或窗台扭斜，有時卻形成一種奇怪的建築。這是政府當時審批之主管部門管理僵化所致，現在這個規定已彈性地修改，所以這些斜窗台的怪形狀不再出現。

乙類土地權益書

政府發展新界環迴公路時，徵收大量新界私人土地，為減輕財政負擔，便用一個乙類土地權益書（Letter B）的方法，和新界村民換土地。集合大批這類權益書，可與政府交換新市鎮推出的土地來作發展。在九七回歸談判中，中方特別要求，不可以讓這些權益書之責任交到九七後特區政府手上，所以這權益書在九七前便清理完了。

八、九十年風水要求淡忘

七、八十年代，仍有不少年長輩置業時，有風水上規則要求，一般避免火燒心，或是廳房內不要太多橫樑，以免橫樑壓頂。有賣樓樓神私下對筆者表示，火燒心平面的單位，是較難賣出的。而在橫樑設計方面，建築師及工程師，也會在用上鋼筋承擔重牆的設計，盡量減小室內之橫樑。但是在公屋及居屋，都會採用建築費較平宜的橫樑設計。

到了九十年代，由於九七問題，傳言港英政府暗中催谷樓價，在九七前後形成高峰，為求上樓，大眾降低對樓宇的設計要求，合不合符風水變成次要，火燒心、橫樑等風水問題樓也一樣大買，地產商也再不注重此問題。而在地產升溫的時期內，連凶宅也一樣會水漲船高，與大潮流一樣上升。單位的風水好與不好，價格只在於大市下跌之時才見明顯。

1998 年亞洲金融風暴，延至 2003~2004 年沙士疫情，香港樓市進入一個歷史之低潮，這時期筆者注意到一個現象，如果風水好的單位，在此時期之抗跌力較佳，可能是風水好，住得好好地，便少人搬出，可出售單位較少，所以叫價較高。以港島南區一幢好風水的大廈為例，當時全港總體樓價大跌，但此幢樓的所有業主封盤不賣，只作租出。而凶屋買賣則要以低價成交，正好反映風水不好對房屋的影響。

環保露台和工作露台

　　1990 年代至 2000 年間，社會上環保的呼聲抬頭，也因應要求而推出環保露台的設計，其原意是遮擋太陽，減少夏天陽光直射到外牆及射入屋內，減少對冷氣空調之需要。而且由於可以豁免建築面積的計算。屋宇署預防地產商及居住者濫用，因此也有諸多限制，結果出現在的小露台，很多用家都投訴其實際功能不大，一般也是放雜物及曬衣服之用途。

I····· 許多新樓盤建有環保露台

大家如果往北到深圳及中國大陸，當地的設計是每使用十呎可用之建築面積，便可以建造大一倍的二十呎之露台，而當地的露台一般有三十至五十呎左右，可以供作日光浴，甚至放一張二人至四人桌，這樣才可以讓住者充份使用露台。港府應參考這類以實用出發的設計，而不是自定奇怪的法例，產生奇怪的產物。

　　現在都流行分體式空調系統，傳統的窗台冷氣機位，往往不合符其尺寸大小，這些體積比較大的分體機，都用一些角鐵狗臂架支撐，由於工程質量參次而長年暴露於風雨下，多年後如果缺乏保養，會容易變成高空墮物的隱患。因此屋宇署容許一種用來安放空調機之工作露台，以便日後可以容易維修補養，而這小露台也有少許環保露台之作用。

住宅豪華酒店化

由於九十年代樓價高企，為了吸引買家，地產商也在屋苑中建造豪華的會所，這些會所是根據可建面積大小而豁免建築面積。地產商更花資本，建造一些像酒店一樣豪華的設施，如雲石電梯大堂和公眾地方、豪華會所等。因為建築成本佔地價之比例較低，花錢在這類豪華裝修，可以吸引客源，和吸引買家買新樓而不買二手舊樓。

I⋯⋯ 住宅屋苑也有豪華雲石電梯大堂

單位多房而房小

香港人喜歡有私密空間，五、六百呎單位就有兩廳三房、一套廁、開放式廚房（在外國，一個五、六百呎的單位往往只建一個睡房戶型）。而在各房間中，主人房自然要比較大，因為供樓的先生睡的，而廚房不能太小，因為太太往往是一家之煮，對決定買不買某單位有左右大局的作用。而大廳也往往是朋友和全家人聚會的地方，所以也不能太小。至於要三房，因為小孩要有單獨房間，更要有地方給家傭睡覺及放雜物或書房，三房單位比較受歡迎，可以要求更高之售價！

在只有幾百呎之單位中要滿足所有要求。只好在設計時，把第二及第三房盡量壓縮，約寬不過 2.1 米，剛好可以放下一張床。而這些二房三房往往是家中的小孩，和或長大成為未婚年青人時期所居住。

二代買不起樓房

年青人多住在這些九十年代，2000年後的單位的二房三房內，從風水的角度，他們的床都無明堂，所以錢財不聚；而主人房尺寸較大，只要不把明堂位阻塞變成雜物間或櫃架，父母都可以有積蓄。風水上也解釋了今天不少年青人都嚷著無能力買樓。

當然，年青人買不起樓，也有許多其他的原因。

首先，今日樓價已升至非常高的水平，比九七還高很多，一般人也很難負擔。

其次，中國國內及東南亞各國，有一批富豪利用香港自由買賣樓宇，作為在港投資手段，把香港樓市推高。

再者，今天年青人儲蓄的觀念也與上一代不同。上一代的年青人，不會一年出外三次旅行享受，自然可以有較多積蓄。

2004後樓市上漲

　　經過 2004 年沙士疫情的樓市經濟低潮後，到了 2006 年，香港樓市漸漸復蘇，加上中國經濟的影響，漸漸多了國內投資者買樓。雖然有 2008 年至 2010 年之國際金融海嘯，但由於當年之特首決策（不建公共房屋和減少賣地），土地供應短缺，五、六年後，即 2012 年左右，樓市之供應便出現樽頸斷層，導致今日直到 2016~2017 年樓市在辣招之下仍大幅升漲。香港現有之二手樓中，有不少早已供滿，這些業主多不受經濟周期及樓價利息波動影響。在樓價低時，大可以不賣轉租，加上銀行貸款政策，二手樓之按揭成數不足，所以樓市還是以新樓主導。

劏房之湧現

樓價高，租金也相對上漲，收入較低的市民，除了選擇遷往一些租金較平宜、交通費較高的新界偏遠地區外，若要住在市區，便只可以選擇一些面積非常狹小、但租金較平宜的舊市區房間分租居住，有樓房業主把原來的唐樓或單位，分割成多個獨立有廁所的小房間出租或出售，這些只有一張床大小的套房被稱為劏房。這些劏房便是當年唐樓板間房的現代版，卻多了獨立廁浴及廚房。

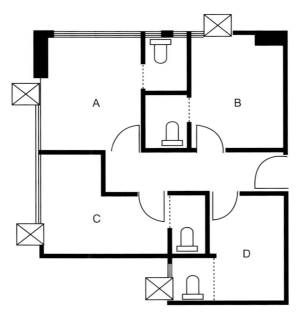

└‥‥‥ 有唐樓單位被劏成 4 個獨立有廁所的小單位。

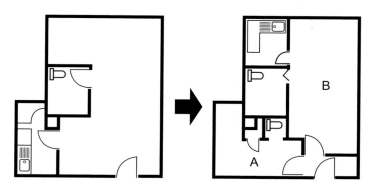

｜····· 有公屋單位也被劏成 2 個獨立有廁所的小單位。

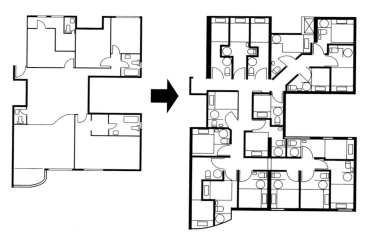

｜····· 有南區的豪宅單位被劏成 18 個獨立有廁所的小單位。

改用實用面積

　　不同地產商用不同的發水比例，所以，同樣一個建築面積，但與不同地產商購買，會出現不同賣樓面積的樓宇，世界最昂貴平均呎價的香港，自然引起各種垢病。所以到了 2013 年，政府修改法例，把所有樓宇的面積，以買家自用的部份來計算，稱為實用面積。其實這類似的方法，在歐美已沿用幾十年，連中國大陸也比香港早十幾年使用。建造大廈的公共部份也是一個成本，但現在買樓使用的是實用面積，那麼，可銷售的面積減小了。當然，羊毛出自羊身上，地產商也要合理地找回這部份成本，所以每平方呎的樓價自然要提高，補償這損失，這也是今日樓價上漲之部份因素。

浴廁不需對開窗戶

多年來，世界各地的酒店設計中，浴室與廁所都沒有對開窗戶，理由是它們都使用電熱系統而不是煤氣，不怕煤氣泄漏積聚室內。而且，酒店廁浴都有中央排氣系統，利用負壓力把廁所廢氣排走，不會影響室內居民之健康。同樣道理，現代廚房煮食可以全用電力，不需要柴火、石油氣或煤氣。但幾十年來，屋宇署都以樓宇管理不佳為理由，不准許上述方法用於住宅之中。直到幾年前，在業界爭取下，廁浴廚房等在有條件下，可以不需再有戶外之窗這要求。這個小改善，將大大影響香港住宅建築物未來之外觀。傳統的香港住宅，不管是五、六十年代或七十年後的飛機則，都是凹凹凸凸，出現一些凹形的半天井，目的只是滿足廁廚有窗之要求；但這些凹凸天井內，一般缺少公共保養，內部藏污垢，而且會因外牆面積增多，而增加樓宇漏水的風險，也阻礙了建築師創作的空間，現政府規條的小改變，會對整體市容有所改善。

普通單位日本化

　　當大部份人之工資，未能如樓價般上漲，可以支付的供款及借貸的總額也有限制，市場又開始推出面積細小，類似現代酒店式之劏房單位。這種情況與八十年代末，日本泡沫經濟未爆破前的房地產非常相似，香港的住宅單位也開始日本化了。為了要了解這些新劏房的風水吉凶及其優點缺點，現把一些類似之平面作為例子，供大家參考。

　　自從 2003~2004 年沙士疫情之後，香港樓市復蘇，最初只是回復沙士前一路下跌的幅度，2008 年美國金融海嘯出現，樓市有停步一段時期，但隨著美國採用量化寬鬆政策，全球都有一段長時期低利率甚至負利率的環境，引發大量資金在港投資地產，加上內地人士多年經濟積聚，也有不少國內人早已移民香港，為了分散投資，他們也加入投資項目。另外還有早年已完成物業供款、持有大量現金的港人。這些投資者與年青置業人士，形成直接競爭。加上曾特首那一任，停止開發土地和建居屋公屋，所有因素加在一起，變成 2012 年後樓市一路上升至天價。

這個市場有兩個現象，第一類為大多數年青人置業的所謂「上車盤」，這類多是打工一族，銀行按揭受限制。所以在樓價高企時，除了由父輩幫助出資買樓外，只有考慮面積大量縮小的 Studio Flat，現代豪華劏房。第二類則為數較小，要求優質及較大面積單位投資者。這類人不少住在國內及外國的上千呎住宅，不習慣住香港式 500~600 呎的單位，而且資本豐厚，對優質單位，包括有天台頂層、覆式單位或有好海景單位等，會不計價入市。

　　這兩類房屋需求便形成了今日香港房地產之「怪圖則多」的現象。

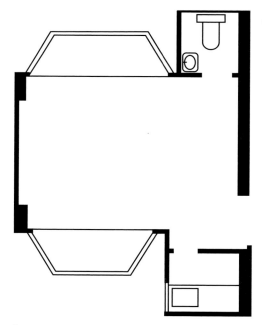

|‧‧‧‧‧ 經典蚊型盤平面圖──飛船則

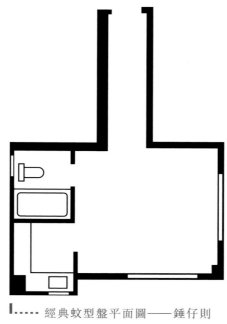

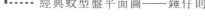
經典蚊型盤平面圖——錘仔則

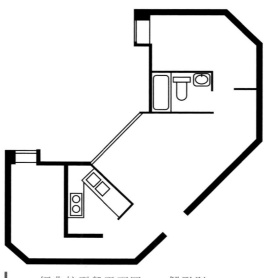
經典蚊型盤平面圖——蟹形則

超豪單位

　　地產商面對這情況，利用廣告宣傳和裝修，個個樓變身成豪宅，包括處於傳統被視為大眾化地段的，街市附近的。為了將大廈包裝成豪宅，將頂樓單位原來每層多個單位合併成一個大豪宅單位，營造豪宅形象，也有機會迎合少數之豪客。

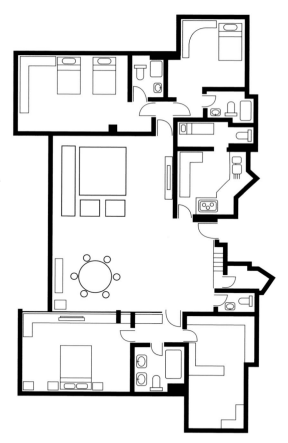

┃‥‥‥‥ 圖例為何文田某豪宅的頂層雙連超豪大單位

豪華劏房

豪華劏房被業界冠以一個較好的名稱 — 納米樓，因為納米（Nano）是公制（Metric）下代表非常微小的單位，是代表十億分之一的意思。至於每個單位多大才會被稱為納米樓呢？業內並無一個絕對標準，但以一個世界酒店普遍用之標準房作為準則，業內大部份人會視面積 15 平方米至 20 平方米之單位為納米樓。

這些納米樓本身單位雖少，但在廁所、廚房的裝修上往往採用酒店式較高當次之標準。而這些新樓中一般都有一個較好的會所，使這些屈縮於蝸居的住客，可以有地方做運動伸展一下。大型屋苑之會所更豪華，納米樓業主甚至可以不需要在家中、而選在會所招待親戚朋友。

現就舉例供大家一覽。如果以一張 1.2 米 ×2.0 米長之雙人床作為一對夫妻之標準床，大家可以在下列例子中，看到普遍都不合符風水之要求。

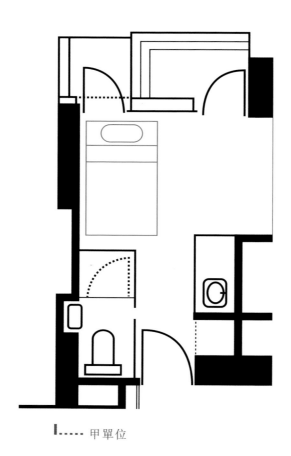

I···· 甲單位

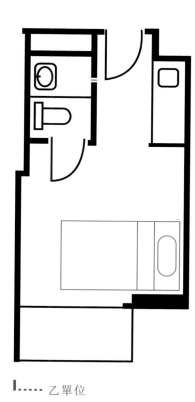

I···· 乙單位

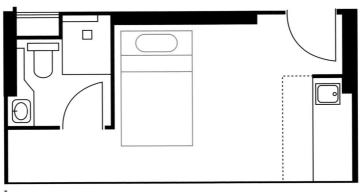

I····· 丙單位

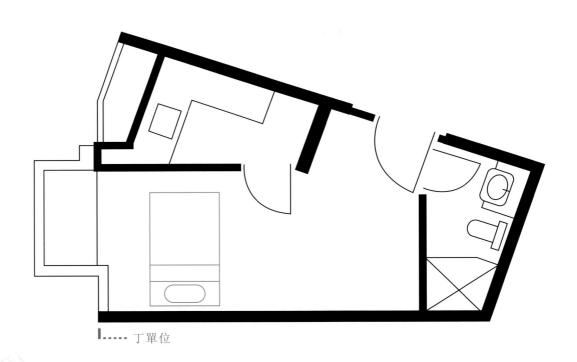

I····· 丁單位

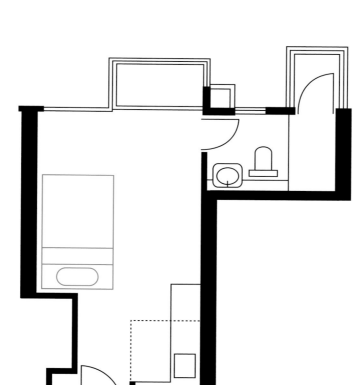

∎┄┄ 戊單位

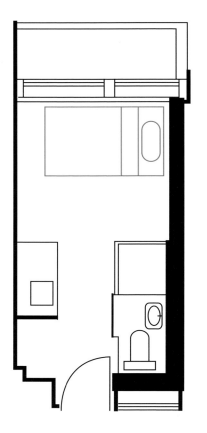

｜..... 己單位

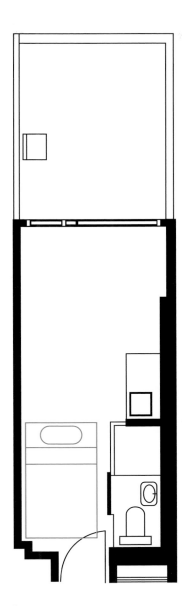

⌐----- 庚單位

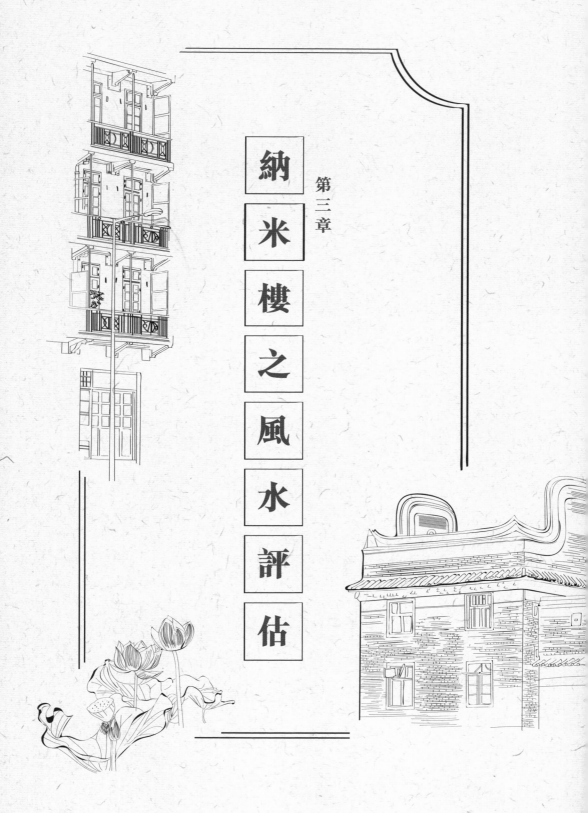

第三章

納米樓之風水評估

風水的法則

風水的法則，首先是選擇合適的地點，古人根據附近山勢地脈，即弄清其來龍去脈，尋找到合適之地點，稱為龍穴。理論上，居住在好的龍穴，便可以旺丁旺財。看一些歷史悠久的城市，風水最興旺之地，往往是城內最多富豪聚居之地，這點不懂風水的人也知道，正正符合地產人士的不二法門：「地點，地點，地點」

但又由於風水時運之轉移，除了這城中最貴的地段以外，城內有些地區會因配合旺運之格局而興旺，如果其中又有合適的龍穴，便會出突發的功名利祿。但是，就算你找到一個當運大發的地區，並不表示每座樓房都可以發旺。因為除了地區大局符合時運要求之外，第二步是閣下之小區，大樓也要合符山水排龍格局之要求。

在這兩者都合格後，閣下所在是的單位坐向，也就是方位度數及該大廈建築的時間，也有一個複雜計算的要求，因為一座大樓，就有如一個人，擁有一個出世的基因，如果坐向、設計佈置與時間元運配合，便是吉屋，否則可以是凶。如果能找到合元運、合格局、合龍穴的屋，也有可能因為房屋設計坐向不吉而成大凶。如果房屋設計吉，但外格局不好，也只可以出現平穩。如果元運房屋都吉，也可以因為某年的流年飛星遇上凶星而有麻煩，一間不太好的房屋，也會因流年遇上吉星而有所改善。所以說這是複雜計算。

　　筆者曾經在港島南區香島道一帶見過一幢房屋，該區是香港少數風水格局極佳之地。而該房屋方位、位置、形格也極好，但是該房屋的室內設計，是本人所見極少數由頭到尾都犯了風水錯誤的豪宅，不但用錯坐向方位擺設，其室內之平面設計，包括主人房、廚房、樓梯都有毛病。筆者看屋是因為朋友有意購買而引見，當時正在興建工程之中，當朋友知道幾乎要全新重建後，便打消購買之念。結果該業主在房屋未建成便因財政問題破產。但是如果不懂風水又想選擇一所較吉的房屋，也有一些比較簡單的法則。

納米樓基本風水選宅

　　風水選宅，本來是一個複雜的過程，由於篇幅不可能一一解釋清楚，因此用一個較簡單的方法，幫助讀者除去一些簡單的風水禁忌，減少選上凶宅之風險。但是依照以下方法，選宅只是減低風險，並不保證一定是吉宅。

　　這些要求是不管你是劏房宅或豪華單位，也同樣適用。而根據陰陽之道理，一些所謂凶宅格局之中也會有絕配之特別格局，例如筆者見過的一個單位，遇到二黑病符到其大門。如果是一般家庭，會是招疾病困厄，但因為宅中只有一對夫婦，宅主是位醫生而其妻子則是位護士，兩人皆在醫院工作，所以病符到門不但不為凶，反為大吉，升職加薪不斷。

　　至於納米樓，有沒有風水可言呢？因為面積窄小，可以移動之室內空間不多，在風水上也會較容易出現各種各樣的毛病。這類怪樓則，也有可解決的方法，但最大問題是宅主接受、容許這些修正，所以有時一間樓之風水吉凶，往往在於居者一心一念。以上述多個類型之納米樓為例，我們不妨列舉出一些普遍出現的風水問題及其解決方法。

家居如人身

在堪輿學上,一個家居以門、主、灶為三個最重要的因素,如果將一個家居之結構比喻為一個人身體,大家容易明白一些,門是指大門,是一般家居出入之口,也比如一個人之口,是禍福之門。所謂「病從口入、禍從口出」,所以門之吉凶至為重要。入屋之後,古代房屋會把主廚房設在其旁,因為古代廚房燒柴燒炭,要有個大儲藏室,而且燒灶時產生大量污煙,所以安放在主堂之前,比較少污染及容易清潔。

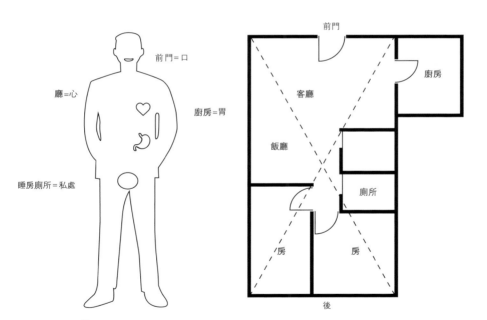

I..... 家居單位的設計猶如人體,大門相當於口,中間的客廳相當於心,後面的睡房廁所相當於私密之處。

灶好比人之胃，為消化健康營養之來源，所以古人以灶之吉凶，主家中宅母之吉凶。一家之中心位置，主一個人之心臟，也主一個家中之主人，如果此處有阻礙，比如有一支結構柱樑在中心，主家中女主人當家，或男主人常不在家，但在納米樓設計中此情況不會出現。但是如果廚房設在居屋中心，稱為火燒心，主不利男主，詳見後文。

門、主、灶的主，是指家居中主人房和床，是代表人之私處，為生育健康之本。主人床之特點是要有名堂及不要擠壓，詳見後文。

大單邊反而多毛病

　　風水的選宅其中要求是四神全，也就是宅之東南西北前後左右都有鄰山，鄰屋包圍，不要一望無際，香港得天獨厚，住香港島或九龍的住宅都是互為依望，很少看到南中國海，所以大都算合格。只有部份港島南區，薄扶林豪宅及葵涌至九龍西地區，其宅可以直見南中國海而無任何島嶼兜收，反而不吉。

　　此外有不少高層屋苑有多座高樓，一字排開，有部份大單邊的單位，般賣價較高，左或右邊無其他樓阻擋，可以開揚得多。

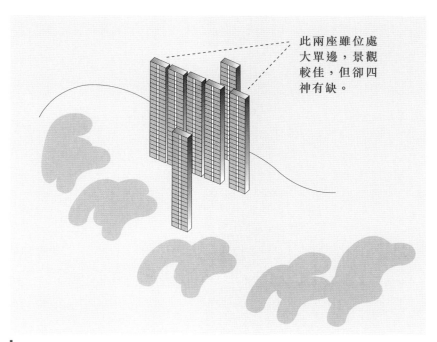

此兩座雖位處大單邊，景觀較佳，但卻四神有缺。

⌐⋯⋯ 大單邊單位四神有缺

但是在風水上，這反而是一個不好的格局。因為風水一般要求左有青龍，右有白虎，前有朱雀，後有玄武，這些青龍、白虎、朱雀、玄武，除了代表眼見之高山外，也可以是與你同樣高度的大廈。所以如果是大單邊之宅，一定是缺了青龍或白虎，所以家宅中會有缺損或毛病，至於是什麼毛病，則要精密計算才可定案。

有些時候，這些缺陷是家中人口方面，在古代農村一個完滿之家庭是應該有老父老母、子女齊全在家為吉，所以如果一對夫婦只有子無女或有女無子，或是有子有女但都遠走他方，古代皆視為有缺。

在今天不少家庭也會只有女無子，或有子無女，或子女皆離家到洋留學，這都是缺四神之宅常見之事，現代社會也不算是有缺之象。

門前長明燈

　　堪輿學比喻一屋一戶如一個人，所以大門口比喻人之口，為禍福出入之門，因此門前之地，要光潔明亮為吉，不要亂堆雜物，諸如鞋、傘，甚至單車之類。

　　現代高層住宅都是多架電梯，一層多戶，從走廊進入每家，走廊有公共電燈照明，但這些燈分佈不均，如果公共燈剛在某戶之門前，便不用擔心；但如果門前剛好在兩燈之間，外面看門前比較陰暗，則建議加一個長明燈把自己門前照亮，方為合格。門前陰暗，不管戶內吉凶，都會帶來晦氣，戶內運氣人事都容易出現悲觀傾向。

|⋯⋯ 門前長明燈

大門要對稱

　　另外，，要求大門要對稱，有如一個人之口及牙齒，一片簡單之扇門便可，門上裝飾不要太古怪。在七、八十年代，不少房屋引入了西方大小門之概念，大門分兩扇，一大一小，平常使用大門出入，到有需要搬運一些大型傢俬時，便把小門也打開，這種設計易犯風水大忌。筆者見過不少例子中，家中出現小三的現象，如果要個大門，可以照中國式傳統，用兩扇相同闊度之門開關便可解決問題。

I..... 子母門

開門見窗為沖射

　　納米樓因為面積小，所以大多一打開大門，便見到向外的大窗及騎樓。其實這個問題不單是在納米樓出現，有不少豪華大宅都會出現類似的問題。正如本書開頭所述之穿堂風一樣，稱為沖射，像一支無形之箭，由大門射穿整個屋再出窗外。不管是旺是衰，都會出現財來財去、積蓄少之現象。筆者建議在設計時，嘗試在入門後設有一個小玄關。

　　筆者有位朋友做生意很大，但是家中正有此象，入宅多年後，生意總是資金在外運作而家無餘糧，正是此應。在大面積單位之設計，可以入門之後，加一道屏風，使門前有一個玄關，問題便可解決，但是在納米樓內，有很多設計是無法滿足這要求，舉例的甲及乙單位大門便是一條小走廊，根本無法加屏風。其實要解決這問題很容易，在進入宅後，在走廊上加上一道布簾，便可作為屏風之作用。

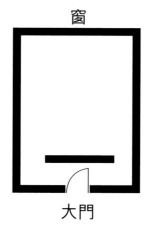

窗

大門

┃---- 門後放一塊屏風或布簾即可避免開門見窗

在五、六十年代，香港板間房時代，布簾之使用十分普遍，只是近代並不流行，現代只有日本料理才有保持用半布簾之傳統。只要有好構想，布簾也可以是個很潮的設計。現代布簾也可以是透光而不透視，這不會影響門後之光視。

有人可能會用珠簾代替布簾，但珠簾並不能阻擋沖射。

不宜神人共室

　　有不少朋友有宗教信仰，不管他是佛、道、基督或是其他宗教，都會放一些宗教信物在家中。

　　在納米樓的情況，這些神物便會與人共一室，這是犯了風水上之禁忌。因為個人家居生活中，會有不自覺對神靈之不敬之行為，例如更衣，不雅坐姿等。雖然宗教都主寬容，但在風水上這不但不會幫助家中居人運氣，反而會影響家人之心態、心理，反而不吉。所以，如果在納米樓中又要放十字架、祖先位或神壇，最好是另闢一角，用個可關之神龕，背向家中睡床，而神龕一般以面向大門為吉，背大門為忌。

I····· 不宜神人共室

室內外養植物要得宜

　　雖然是居於窄小的空間，但在「不可家無竹，無竹令人俗」的影響下，不少人喜歡把室內裝飾中加入盆栽，美化居住環境，但是香港人貴人事忙，既要養植物，但又無時間打理、補養、淋水，所以不少人會用假花、乾花代替。但從風水的角度，養植物是要求取五行中木之生氣，有生生不息之效果，所以用假花是無氣，用乾花是死氣，放花的屍體對你有何用呢？

　　放鮮花植物要付出代價，補養、曬太陽、淋水等等，一分耕耘，一分收穫。但室內放植物也有禁忌，香港人喜歡放仙人掌等有刺植物在室內，此物古人是用於室外圍牆以防外敵，而不是自己刺自己，所以不吉。運氣要向上，所以也不宜放一些向下低垂的植物，諸如蕨類、長春藤等類。室內植物也不宜過多，使室內變成森林一樣，因為植物招陰，小為招財，多會招邪，影響家內人之心理出問題。

I‥‥‥ 植物不宜有刺

132

⌐····· 植物不宜不垂

　　室內植物也不宜用太多大葉植物，因為大葉植物也是會加大招陰之力量，小量可以招財，道理一樣。養植物常綠故好，但是如果可以開花結果，是更風水好之象兆，養植物時不妨考慮一下。

　　風水上認為種植物可以招財之外，適當佈置是可以陶冶性情，令較急之人的脾氣改善。

　　現代納米樓中一般都有個環保陽台，可以好好利用作為一個室外的小花園，招財招福。

廚房火燒心

在納米樓設計中，大部份都是使用電爐煮食，開放式設計，在列舉的例子中，只有己單位是有獨立間牆的廚房，這些開放式廚房的好處是不佔空間。但這種西式的設計，只是有利於西式煮食，大家都了解，如果用中式明火煮食、起鑊，日積月累，油煙四散，是非常不衛生及構成清潔上的一個大難題。

在風水上，這種開放式廚房也是對家人的身體健康有不良影響，特別是家中女主人之影響較大。此外，廚房若是位於整個單位之中間部份，風水上稱為火燒心之格局，主不利家中男主人。但地方小，這廚房的問題也很難解決，唯一的方法，是把這「廚房」加上櫃門，不用時把櫃門關上，而且要減少用明火煮食，視單位之坐向，另找一個合適位置設立一個煲水之小灶以補助。如果居住夫婦是無飯夫妻，多在家外用膳則問題會減少。

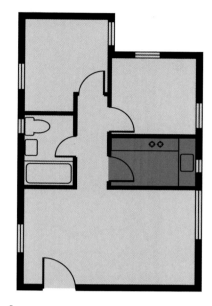

┃···· 住宅火燒心

┃···· 西式的開放式廚房從風水角度看未必為吉。

床為主

　　家中之大床，是睡覺休息、補充生命的地方，是在風水三要，門、主、灶中之第一位。一般人定了家居床位後，很少常常遷移，假設一個人一生中都沒有遷居計算，一天正常睡八個小時，是人生的三分之一時間睡向某一個方位，而這個方位與地球磁場形成一個角度，這磁場角度會不會對人有某種慢性的生理、心理影響呢？今天科學未有答案，但睡眠質質不好，會影響白天之工作效率，是公認的。要睡在好風水的方位，所以床的位置在風水上的重要性。

床上不可壓頂

風水上要求是，床頂的位置不可以有任何東西壓頂。納米樓因為地方少而結構怪，很容易會有橫樑在牆邊，如果放床在此，床頭靠邊，便構成橫樑壓頂。此外不少建築的設計中，都把天頂燈之位置放在房之正中，由於房間小，放了床後便出現天花燈壓在宅主的床腳或肚臍的位置上，壓在人哪個位置，哪位置便容易出毛病，例如橫樑壓在床之左邊，宅主睡在左，身體左邊便容易出現跌傷等問題。解決方法很容易，如果橫樑在牆邊，在牆邊先做一個與樑同闊之櫃，才把床靠上便可。

I⋯⋯ 橫樑壓頂

碌架床要睡床頂

　　有不少人為了爭取空間，常常用雙層上下床（碌架床），如果睡在床底一層，便犯了前文壓頂之害；如果家中有孩子或家傭睡在下層，孩子在讀書及脾氣上容易出問題，家傭也不太聽話或常做錯指令。所以如果要省空間，可把下層設計成為儲藏櫃、衣櫃之類。

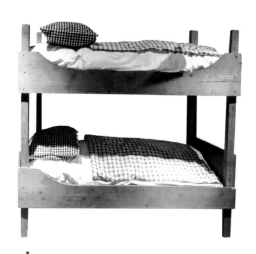

┃----- 碌架床要睡上層

138

床不可無靠

現代有不少青年在外國留學，他們也學習了不少外國人之習慣，例如歐西不少人喜歡把睡床床頭靠窗邊放，因為他們認為，白天在窗口之背光，有利在床上看書。從堪輿的角度，床後有靠為宜，首先因為背靠實牆，不會有氣流在床後流動，影響睡床人的睡眠質素。此外，風水上認為床無靠是人無靠山，在工作上無人依靠關顧，無上司緣及容易漂泊離鄉，所以是適合一些浪子之類獨立人士，也不太利婚姻。

 床後有靠

..... 床不可無靠

PugnoM on Visualhunt.com/CC BY-SA

床前有名堂

風水上以床頭為靠、為後，而床腳向方為床前；另外也需要床前要有一個空位，此空位稱為名堂，名堂要低矮，作為聚福聚財之地。但今日香港建築出了些毛病，本來六、七十年代之住宅房間內面積較大。放床後床前會有個空位，所以這些六、七十年代的人不少都是小康之家。

但是到了八十年代初，房間面積變得窄短，令二代年青的房中床前都無明堂，無明堂並不代表低收入，這些年青人，一年都會去三次旅行，但毫無積聚。

另外，不少人會把這名堂位改成高櫃甚至亂放雜物。有些超豪房間，仿西方人在床尾放一張沙發或一個低櫃，風水上此為「擺水出名堂」，有錢也不積聚。

以上情況都是使人犯不儲蓄積聚的設計，納米樓之空間雖然僅比一個主人房大，可佈置餘地不多，但只要不犯上之毛病，也是可以納福進財。

$\dfrac{1}{2}$

1   **I-----** 床前有櫃，撥水出名堂。

2   **I-----** 床前有名堂。

納米樓也可興家

談過這麼多納米樓可能出現的問題，似乎納米樓都是凶多吉少。但是其實它也有一些好處。

中國北京的紫禁城中，雖然中間三大殿中主殿太和殿是全城最高之殿宇，一般人都誤會是全城之中心，但從堪輿學的角度，這三大殿只是城內皇帝南面前的朝堂。

《考工記》中所謂「前朝後市」中的「朝」是指太和殿，而紫禁城的中心則是皇帝居住睡覺的乾清宮，如果大家有去過參觀其臥室及其西側養心殿之臥室，都發覺不是一般想像中那麼闊大，只有四、五十平米。為甚麼皇帝之臥房比我們一些豪宅的主人房還小呢？因為風水上正是追求室瓦要雍聚，所謂屋小人多為進氣，屋大人小為退氣。

所謂「屋雅何需大」，六、七十年代，不少人都是家住擠迫的公屋，也可以在今天成為億萬富翁。納米樓之好處之一是，如果在室內設計不再擺出塞名堂或擺水出名堂之格局，床尾有適當之空位，宅主也可以有所積聚而興家。此外，屋少人多易興旺，如果所在之樓不是填海區或有其他風水毛病，宅主便容易添丁，但這也可能變成要換大屋的理由。

總結而論，納米樓中有不少毛病，例如火燒心及灶向床等問題，但只要解救適宜，也可以是個旺丁旺財的家居。

第四章

建築影響香港運勢

2050 香港去留

香港現在的地產情況，已越來越接近 1980 至 1990 年日本的情況。當年日本也因為地價越來越高，新建新賣的住宅單位變得越來越小。旅館為適合一般人可負擔的價格，變成一個個棺材型，而買樓時的貸款，由祖父買入起還，要到孫子一代才可以還清。而當時一個住宅單位，如果是位於距市中心一小時高鐵的地方範圍，已算是在正常市區。

今天大家對上述情況也似曾相識，納米樓更會是今代人之象徵。但不少人會擔心，香港會不會步日本後塵，於經濟爆破後，出現失落的二十年呢？加上一些有政治目的的宣傳，令近年香港又有一批人湧起移民的觀念。香港人要不要移民呢？

香港有幸是現在情況雖然近似當年日本，但是因為日本採用純大和民族的狹窄民族主義，不容許移民。日本人口老化，人口不增反減，所以造成迷失二十年之象。但香港每日有一定數量移民，加上中國興起，內地人對香港房地產非常有興趣。所以在人口上香港本土雖然老化，但有新移民補充，所以不會出現日本現象。但萬一中國經濟有問題，對香港的衝擊也會十分厲害。

香港物業售價指數
PRICE INDICES FOR HONG KONG PROPERTY MARKET
(1999 = 100)

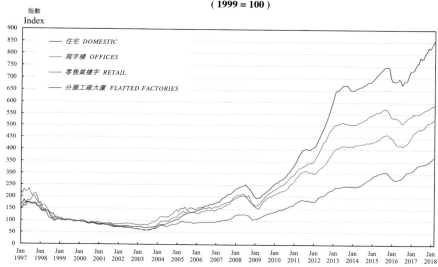

指數
Index

住宅 DOMESTIC
寫字樓 OFFICES
零售業樓宇 RETAIL
分層工廠大廈 FLATTED FACTORIES

樓價升勢凌厲，未來香港會不會也出現三代人供一層樓的境況呢？

香港風水得失

　　市面上大部份講香港風水的書，都是大讚香港的風水好，香港有沒有風水問題呢？如果風水無問題，為什麼會出現佔中及旺角暴動呢？如果有問題，為什麼香港在大亂中也只有百分之三的失業率呢？而且不少行業出現有工無人做呢？在發達國家來計算，百分之三失業率是等於全民就業，所以才可有年青人炒老闆魷魚，裸辭兩年時間到世界流浪。

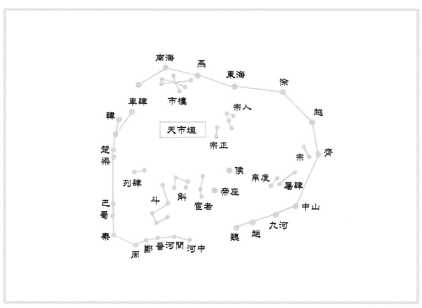

|····· 天市垣

　　香港是一片福地，香港島與九龍半島、大嶼山圍成的維多利亞港，是合乎堪輿學上三大天垣之一的天市垣之格局，戰後啟德機場在天市垣中活動，所以帶來亞洲四小龍之奇蹟。但九八年機場遷往赤鱲角之兌卦方位後，主招是非口舌，所以回歸後爭鬥不絕。除此之外，香港土質以風化沙土岩石為主，為最厚，耕土薄，所以風水也主人情薄及根基不深。最明顯之現象是地不留人，所以除了元朗、上水、錦田土深之地，土族長居百年之外，不少港人都是常來來去去。

市樓

列肆　帝座

屠肆

---- 與天市垣圖對照著看，可以發現香港的格局就是一個現實版的「天市垣」。

歷史上也出現過不少來去之移民潮：

（1） 1920 年代　中國軍閥大亂，不少失敗者遷住香港作寓公避禍。

（2） 1930 年代　英軍廣州沙面開槍，省港澳大罷工，不少人行路上廣州，而英國人也引入潮汕人來三角碼頭當苦工。

（3） 1940 年代　二次大戰不少人逃離香港。

（4） 1949 年後　中共立國，不少國民黨敗軍逃港。

（5） 1953 年後至 1960 年代初　中國各種運動使不少人逃港。

（6） 1967 年暴亂後　香港富人移民外國。

（7） 1973 年後　文革後期不少人游水到港。

（8） 1982 年至 1997 年　回歸問題大批人移民。

（9） 1998 年至 2013 年　移民回流，大陸人每人150人來港。

（10） 2014 至今　人心不穩有人想移民。

大家可以從你身邊朋友做一個統計，從前在香港有工作、有樓有車階級之人，在 97 前移民後，有多少其工作之現在港更有進步、賺更多錢、社會地位比以往更高呢？當然移民外國也有很多好處，例如空氣較好、住屋較大、居住環境較好、有花園有水池等等，而在眾多移民中也有人當上議員，社會上流，但都是以第二代移民為主。所以如果閣下不是肯犧牲自己，讓下一代有更好的明天，而且可以接受移民作別國之二等公民及偶被歧視，大家不妨想一想。

香港地鐵沙中線

　　這幾年中環繞道及沙中線都在港島之北部施工，而香港之主脈在港島，在此施工會影響本港整體，這次兩個施工工程多年不斷，香港之政治爭鬥也升級至暴動。回想當年，1982~1986 年港島線施工，香港政局因回歸而出現大波動，工程正與政治局面吻合。今日情形也正與當年類似，所以現在要減少政治爭鬥，儘快完成這些工程是唯一上策。

┃···· 位於灣仔的沙中線地盤

香港八運運勢

　　風水除了本身住宅格局外，也講求時運之配合，時運是以三元九運之曆法為基礎，這一套曆法以天上星宿之弦、合、沖、會，而定世上人間之禍福。我們現處於下元八運（2004~2023年）之末段，八運旺東北有山及東北有路，所以八運旺了中國東北方之韓國，因其地東北有高山；也旺了澳門，因為澳門食正東北珠江之流水。但八運一過，此兩地會轉歸較平淡。而香港在八運中是處於一個反吟之凶局，所以一路以來 2003 年沙士，其間政治內鬥不絕，經濟沒有創新，被周邊地區新加坡、深圳、廣東一一趕上，有特首更只為打好一份工，不做好規劃，造成今日土地短缺之現象。今日樓價大升都是當年不作為之禍。

香港基建之風水影響

　　香港現在有多個基建在進行，其中有以下幾個對風水有所影響。

（1）港珠澳大橋
（2）中港高鐵項目
（3）香港地鐵沙中線及中環繞道
（4）香港新蓮塘口岸

港珠澳大橋

　　港珠澳大橋是香港連接珠江三角洲西部中山、珠海、澳門大動脈，此橋在赤鱲角機場附近到岸，剛才介紹赤鱲角機場位於香港天市垣之兌卦，兌卦本主是非口舌爭鬥，遷機場後政局也應此象。但是港珠澳大橋性質與機場不同，是連接陸路之出口，在風水格局上，《地理新書》有云，城市右（西方）有長道謂之白虎及可解部份爭鬥之厄，但是辯爭、官司則不能全免。

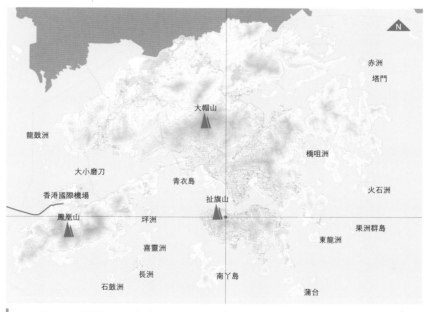

┃┈┈┈ 港珠澳大橋，「右有長道，此最貴地」。

中港高鐵

　　中港高鐵是從西北面到香港，香港天市垣之主山也是西北之大帽山，汲水門也是從西北流入維港，西北為乾卦，垣局正合《天玉經》所述「乾山乾向水流乾，乾峰出狀元」之局；所以高鐵從西北乾方來港是可以增加本港在中國之地位，也可以使香港出更多之大官貴。

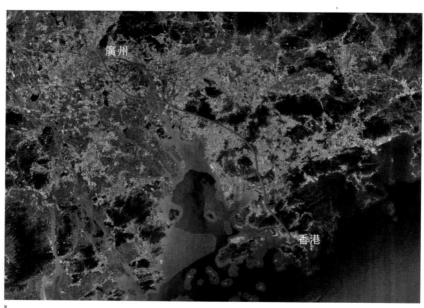

|..... 高鐵帶來西北乾方的旺氣。

152

蓮塘口岸工程

　　港府要發展新界東北，遇上很大阻力，但在開新蓮塘口岸則比較順利，這口岸使新界東北有路，正合八運東北有路之應，工程完成時，可以幫助化解現在香港人各種不同之怨氣。

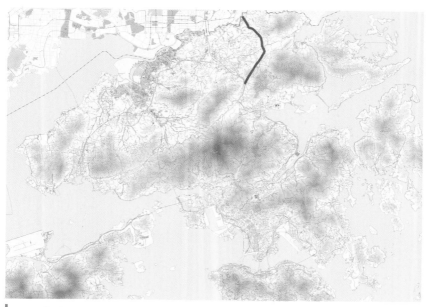

|‒‒‒‒　蓮塘口岸工程使新界東北有路，八運有利。

香港未來規劃

　　香港現面對人口多，缺乏土地，市區土地已發展了幾十年，填海又有限制，很難在擠迫的市中心區，再找到大片土地供應發展。

　　政府計劃發展以下四個大計：

（1）在港珠澳大橋通車後，一併發展大嶼山北岸的地區。

（2）在大嶼山與香港島中間，藍多塘海峽喜靈洲附近填海建島，供應土地。

（3）在新界東北地區沙頭角一帶土地發展。

（4）在與深圳接壤的舊禁區一帶發展。

　　上述的發展，雖然可以供應本港在大灣區中部份土地之使用至 2030 年，之後又如何呢？香港住宅面對中國崛起、大量東南亞及國內投資、移民需求，今日每年只有萬多伙之供應遠遠未能滿足需求，香港是個自由經濟體，我們也不可能大量限制外來投資，所以開源是個解決的方法。

大香港未來發展

　　我們可以從香港的地理分析一下，以香港維多利亞港為中心，把香港郊區及偏遠地方，分為東南西北四個部份。

東面後花園

　　香港東面是西貢一帶，一向的規劃中被視為香港的後花園，是郊野公園最集中地區，海岸更是聯合國地質文化遺產，人口也較少，是市民在擠迫市區中休暇活動之地，暫也沒有計劃發展集體交通運輸，不可能有大量人口遷移發展。

西面北岸港珠澳影響地區

　　香港西面大嶼山北岸及將軍澳填海的人工島，也是因應未來的大灣區，而將會發展起來，但是，這地區的土地有限，而且除了人工島，大部份都是赤鱲角機場起降影響區，大密度發展機會不大。而大嶼山之南岸，由於港府與迪士尼簽了一個不平等條約，南迪士尼地區不能建高樓大廈，以免影響迪士尼在夜間放煙花的環境，所以這區也只可以作郊遊等有限度發展。

北面河套東北發展

　　香港北面與深圳相連，多年來港英政府都刻意不發展此區，減少香港人與大陸太親近，回歸初年，政府根本未有遠見去考慮。直到上屆政府才開始搞發展，以政府之龜式速度，要2030年前後才可以有實物建成入住。但是北區及東北之發展，估計可以應付2030年左右的住屋供應。

南面發展是未來希望

從地圖上觀察香港之地界，香港島之南面是南丫島及更遠的蒲台島，再南便沒有任何土地了，直到再南面屬中國境內的大小擔杆洲及再遠的萬山群島。香港界內最大的空間，正是在此方向，而此處人口密度也是最低的。

雖然工程上可能較昂貴，但筆者認為如果在南丫島以南的地區填海，第一好處是環保，社區居民的壓力會較低，由於南丫島之阻隔，不會影響南區地方居民的景觀；第二，有無限的空間去規劃及填海，就算未來50年之土地供應也可以滿足了。而這規劃中，可把填海地分兩大區，第一部份是辦公室及居民區，第二部份是遠離第一部份，作為安置未來可能出現高科技工業，及一些市區轉移，包括污水處理廠、發電廠、油庫等等，以便市區中騰空一些現有用地，改為住宅發展，規劃發展需時，現在開始才不會像西九龍及啟德地區一樣白花時間，影響大家安居樂業。

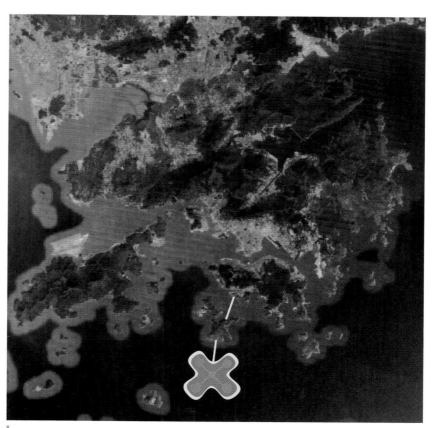

┃----- 香港南面建人工島，是對香港整體有利的規劃設計。

香港九運運勢

　　未來二十年之大運是九運，九運為八卦中之離卦，離卦之象兆主中女，主分離，主火，主革，主文明，所以未來女權會擴大，人與人之間隔膜會更多，易分離，政局上容易出現新文明、新科技，像埃峰（iPhone）一樣影響全人類，這是離卦向好的發展。

　　離主革，是改革，也可以是革命，火是爆炸，也可以是亂局，像阿拉伯之春為求民主自由理想，而變成國際政治勢力角力之棋盤，天下大亂。

　　香港何去何從，大家不妨深思。未來九運，是旺南方之局，適宜在南方建設。香港島南方是南中國海，但有蒲台島及南丫島作護從，其南更有中國境內之大小担杆洲，這片海域也是香港最大的一片無人海，如果發展，填海之費用會較高昂。但是也是香港未來唯一生路，可以提供大片土地發展，更可在建築工程上刺激一些大膽創新理念，為香港開闊一片新天地。

建築師講古

從唐樓到劏房

著者
蔣匡文

編輯
吳春暉

美術設計
Venus Lo

排版
辛紅梅

出版者
萬里機構出版有限公司
香港鰂魚涌英皇道1065號東達中心1305室
電話：2564 7511
傳真：2565 5539
電郵：info@wanlibk.com
網址：http://www.wanlibk.com
　　　http://www.facebook.com/wanlibk

發行者
香港聯合書刊物流有限公司
香港新界大埔汀麗路 36 號
中華商務印刷大廈 3 字樓
電話：2150 2100
傳真：2407 3062
電郵：info@suplogistics.com.hk

承印者
創藝印刷有限公司

出版日期
二零一八年七月第一次印刷